CÓMO TRABAJAR CON GENTE COMPLICADA

Estrategias

CÓMO TRABAJAR CON GENTE COMPLICADA

para una colaboración

efectiva

con (casi) cualquiera

RYAN LEAK

Traducción de Marta Escartín Labarta

Papel certificado por el Forest Stewardship Council®

MIXTO
Papel
FSC® C117695

Título original: *How to Work with Complicated People*

Primera edición: abril de 2026

© 2024, Ryan Leak
© 2026, Penguin Random House Grupo Editorial, S. A. de C. V.
Blvd. Miguel de Cervantes Saavedra núm. 301, 1er piso,
colonia Granada, alcaldía Miguel Hidalgo, C. P. 11520 Ciudad de México
© 2026, Penguin Random House Grupo Editorial, S. A. U.
Travessera de Gràcia, 47-49. 08021 Barcelona
© 2025, Marta Escartín Labarta, por la traducción
© 2026, Rodrigo Corral Studio, por el diseño de interiores y portada

Printed in Spain – Impreso en España

ISBN: 978-84-03-52670-9
Depósito legal: B-2.514-2026

Impreso en Huertas Industrias Gráficas, S. A.
Fuenlabrada (Madrid)

AG 26709

Para John C. Maxwell:

Este libro no habría sido posible sin tu generosidad, inteligencia y liderazgo. Tu vida enfocada en un propósito y tu legado me inspiraron a buscar constantemente formas para contribuir al mundo que me rodea. Gracias por mostrarme cómo elegir el camino correcto, por enseñarme a ver más allá de lo que las personas son y descubrir en qué pueden convertirse. Gracias a tu dedicación a tu oficio y a tu legado; allanaste el camino para que alguien como yo pudiera crecer un poco más y tener sueños más ambiciosos.

Con mi más profundo respeto y admiración,
Ryan Leak

ÍNDICE

CAPÍTULO I

LA PERSONA POR LA QUE NECESITAS ESTE LIBRO

En cuanto has visto el título de este libro, es muy probable que se te haya pasado por la cabeza el nombre de un compañero de trabajo, jefe o empleado en particular.

¿Por qué? Porque mientras se intenta sortear el cambio, conseguir objetivos arriesgados y conciliar la vida laboral y personal, en cualquier trabajo acecha un reto más desalentador: tratar con personas complicadas.

Ya sabes de quiénes hablo. El jefe autoritario que no puede decidir si es un microgestor o un líder ausente. El colega cuyos cambios de humor podrían hacer temblar el mercado de valores. El cliente con exigencias equiparables a las de una diva en una gira mundial.

Bienvenido al salvaje mundo de trabajar con gente complicada: un viaje tan impredecible como inevitable.

No te hace falta ningún libro que te diga que la gente complicada hace tu trabajo más difícil. Lo que necesitas, y es lo que he venido a compartir contigo, es una guía de supervivencia que te ayude no solo a soportar a estas personas, sino a prosperar entre ellas. No hablo de cambiarlas, porque —alerta de espóiler— no puedes hacerlo. Se trata más bien de cambiar la forma en la que interactúas con ellas. Mi objetivo es proporcionarte estrategias para ayudarte a trabajar de manera eficaz con casi todo el mundo (más adelante llegaremos a la parte del "casi") y orientarte mientras atraviesas el campo minado de personajes complicados y personalidades difíciles en tu trabajo.

Como *coach* ejecutivo y orador he tenido la oportunidad de atender consultas e impartir conferencias por todo el mundo. Trabajo con numerosos clientes que pertenecen a la lista Fortune 100: equipos de deportistas de élite y líderes en prácticamente cualquier sector que puedas imaginar, desde el glamur de los deportes y el entretenimiento hasta el apasionante mundo de las finanzas, pasando por los minuciosos terrenos de los seguros, las farmacéuticas y la producción industrial. Incluso participé en una conferencia para profesionales de pestañas no hace mucho (sí, existe toda una microindustria exclusiva para las pestañas dentro del amplio sector de la belleza, y está arrasando).

Tomo notas en cualquier sitio y tengo muy claro que encuentras gente complicada en todos los lugares de trabajo. Da igual cuál sea el sector, la ubicación o el tamaño de la empresa, tanto mis clientes como mi público se quejan constantemente del puñado de personajes problemáticos que les absorben la energía, ponen a prueba su paciencia y les hacen replantearse sus decisiones laborales.

He llegado a la conclusión de que uno de los mayores obstáculos para amar tu empleo no se encuentra en las funciones del puesto en sí, sino en tus compañeros de trabajo. La diferencia entre querer quedarte en una empresa para siempre y estar moviendo en secreto tu currículum en indeed.com suele reducirse a una persona o un grupo específico de colegas. Ellos pueden hacer que tu trabajo parezca una vocación… o una sentencia de muerte.

A fin de cuentas, pasas mucho tiempo en el trabajo, aproximadamente la mitad del que estás despierto durante la semana, considerando ocho horas de sueño y otras ocho de una jornada laboral. A lo largo de la vida puedes llegar a pasar entre 85.000 y 90.000 horas en una oficina.[1] Ninguna otra actividad, salvo el sueño, se acerca a esas cifras. Obviamente, cuanto más puedas hacer para que ese tiempo sea agradable, productivo y satisfactorio, mejor.

Una de las variables más importantes en esa ecuación es la calidad de tus interacciones con la gente. La gente complicada puede hacer que tu experiencia laboral sea positiva o negativa.

ANALICEMOS LO COMPLICADO

¿Y qué significa ser una persona complicada? Después de todo, el término "complicado" no es precisamente una medición técnica.

Mi definición práctica es la siguiente: es la persona que te ha venido a la mente cuando has leído el título de este libro. Es el nombre o el rostro que pasa por tu cabeza en el segundo en que oyes la palabra "complicado".

Ese humano en particular es complicado para ti, y eso es lo que importa. Adelante, piénsalo un segundo. ¿Quién es la persona más complicada con la que trabajas? Dudo que tardes mucho en responder. Pensarás en ella de inmediato: su nombre, sexo, edad aproximada, color de ojos y puede que incluso su olor.

Todos tenemos personas complicadas en nuestra vida, y el reto no es solo describirlas, sino lidiar con ellas. Ese es el desafío que ocupa nuestra mente y nos dispara la presión arterial; es el camino que vamos a recorrer juntos en las siguientes páginas.

Para comprender mejor el alcance y el efecto de la gente complicada en el ambiente de trabajo, mi equipo y yo llevamos a cabo un exhaustivo estudio de investigación en Estados Unidos con mil ciudadanos activos en el mercado laboral, que incluía a empleados a jornada completa, a media jornada y externos, entre dieciocho y sesenta y cinco años.[2] Algunos eran de la vieja escuela y trabajaban con personas complicadas *in situ*, otros lo hacían de forma virtual y otros en un entorno mixto. El estudio ponderó el censo estadounidense de 2020 por edad, región, sexo y etnia, y tiene un margen de error de +/- 3,1 puntos porcentuales, lo que significa que ofrece un panorama preciso de la mano de obra local en la actualidad. Hicimos preguntas detalladas sobre todo tipo de temas, desde la cantidad de personas complicadas con las que trabajaban hasta cómo estas interacciones afectaban a su rendimiento, salud mental y satisfacción laboral.

Mi equipo y yo queríamos desarrollar estrategias eficaces, basadas en la investigación, que pudieran ayudarte a trabajar con casi cualquier persona, y los datos nos dejaron boquiabiertos. Confirmaron lo que veo en mi experiencia diaria y lo que escucho en mis conversaciones: las personas complicadas están frenando tu avance. Nos están frenando a todos. Expondremos nuestros resultados más adelante, pero entre los datos más destacados están los siguientes:

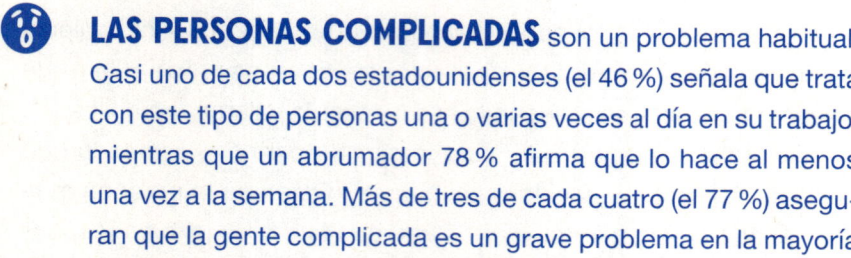

LAS PERSONAS COMPLICADAS son un problema habitual. Casi uno de cada dos estadounidenses (el 46 %) señala que trata con este tipo de personas una o varias veces al día en su trabajo, mientras que un abrumador 78 % afirma que lo hace al menos una vez a la semana. Más de tres de cada cuatro (el 77 %) aseguran que la gente complicada es un grave problema en la mayoría de las culturas laborales, mientras que el 85 % considera que, para lograr un buen rendimiento en su trabajo, tiene que saber colaborar de forma eficaz con ella.

LAS PERSONAS COMPLICADAS están perjudicando nuestro trabajo de todas las formas imaginables. Nuestra encuesta reveló efectos negativos en la eficacia y experiencia laboral, ya que este perfil de individuos es responsable de una peor comunicación, bajo estado de ánimo, erosión en la unión y en la confianza, menor satisfacción laboral y muchos aspectos más. Casi uno de cada dos trabajadores dice que tratar de manera habitual con personas complicadas le haría odiar su trabajo. Los trabajadores suelen cambiar sus hábitos con regularidad para evitar a compañeros o situaciones difíciles, incluso faltan al trabajo, y muchos (un 44 %) han renunciado a su empleo por culpa de jefes complicados.

LAS PERSONAS COMPLICADAS perjudican nuestra salud mental y emocional. Durante el 2023, dos tercios de los trabajadores estadounidenses (el 67 %) dijeron que habían padecido niveles de estrés altos como resultado directo de trabajar con gente complicada. Otros efectos negativos son la ira, el resentimiento, la frustración, la impotencia, la pérdida de sueño, la depresión, el miedo, la ansiedad y los cambios de personalidad. Ese año, un porcentaje alarmante de personas afirmó que le habían diagnosticado problemas de salud mental (el 18 %) y pensamientos suicidas (el 11 %) por trabajar en estas condiciones.

No se trata solo de estadísticas. Son seres humanos como tú y como yo. Personas que trabajan todos los días e intentan sortear las complejidades de las relaciones interpersonales.

Sin embargo, esto es lo más preocupante. Cuando les preguntamos con qué frecuencia habían encontrado una solución positiva a los retos que plantea trabajar con gente complicada, el 30 % respondió que rara vez o nunca, y otro 38 % contestó que solo a veces. Solo el 31 % tiene "a menudo" o "constantemente" un resultado positivo en sus desafíos con personas complicadas.

Si tenemos en cuenta la cantidad de personas complicadas que hay por ahí y la frecuencia con la que interactuamos con ellas, estas cifras no son nada buenas. De hecho, son pésimas. Significa que la mayoría hacemos nuestro trabajo todos los días mientras tratamos, sin éxito, con gente difícil.

Además de la encuesta, también hice entrevistas telefónicas y virtuales a varios de mis clientes y contactos que son altos directivos y piezas clave de ciertas empresas, incluyendo a algunos personajes incluidos en Fortune 100 y un par de franquicias deportivas profesionales. Les pedí consejo sobre las mejores estrategias para entender a las personas que preferiríamos evitar (cambié los nombres y los cargos para proteger su identidad. Aunque puedes intentar adivinarlos, por supuesto). Y, desde luego, pasé un sinfín de horas leyendo libros, trabajos de investigación y otros materiales escritos por expertos en los distintos campos de estudio representados en los siguientes capítulos.

Con todo esto quiero decir que este libro no es solo teoría. Es el resultado, basado en las pruebas y la experiencia, de los datos cuantitativos y las aportaciones cualitativas procedentes de las observaciones y conversaciones de muchos sectores. Estoy seguro de que te ayudará a relacionarte con mayor eficacia con quienes trabajas, ya sea por suerte, maldición o condena.

Esto me lleva a la pregunta que he formulado antes: ¿Qué hace que la gente con la que trabajas sea complicada? ¿Por qué hay ciertas personas que nos vienen a la mente enseguida?

"¿Cómo definirías o describirías a una persona, colega o jefe complicado en el trabajo?" fue una de las preguntas fundamentales que hicimos a los participantes de nuestro estudio, y hubo respuestas de todo tipo, tanto divertidas como desgarradoras. Por ejemplo:

- **"Alguien tan necio incapaz de admitirlo cuando se equivoca".**

- **"Un verdadero fastidio".**

- **"Alguien que olvida lo que es trabajar para alguien o no sabe lo que significa".**

- **"Alguien que nos roba con frecuencia y luego se enfada cuando se lo decimos: ¡Oye, deja de robar!"" (sin duda, hay una historia detrás de esta respuesta).**

Muchos de los encuestados describieron a quienes consideran personas complicadas. Tendían a ser casos específicos, prácticos y fáciles de imaginar, y me vi asintiendo conforme iba leyendo.

- **"No se presenta a trabajar o pasa el tiempo holgazaneando".**

- **"No escucha a nadie aunque no tenga razón".**

- **"No está abierto a nuevas ideas y no sabe escuchar".**

- **"Es un vago; está todo el tiempo con el móvil".**

• "ALGUIEN QUE, PASE LO QUE PASE, SIEMPRE TIENE UNA ACTITUD NEGATIVA Y ES RUIN" (sí, esta va toda en mayúsculas).

Hubo algunos temas recurrentes en nuestro estudio de investigación. Abundaron términos como "terco", "severo", "difícil", "molesto", "actitud negativa", "comunicación" y "mandón".

Cuando pedimos que eligieran las tres características que más asociaban con la gente complicada, las principales fueron, en este orden: "falta de voluntad para cambiar, aprender o crecer", "comportamiento excesivamente negativo y crítico", "pereza o falta de ética laboral", "malas habilidades de comunicación" y "comportamiento manipulador". Estas cinco características aparecieron en las respuestas de al menos un tercio de los encuestados.

Así que, sí, las personas complicadas comparten muchas similitudes…, pero también son tremendamente particulares. La realidad es que parte de lo que hace que esto sea difícil es la infinita e infernal combinación de complejidades que existe ahí fuera.

Hay que averiguar cómo gestionarlas.

¿CUÁL ES EL OBJETIVO?

Antes de definir nuestro objetivo en las siguientes páginas, déjame comenzar aclarando lo que no es este libro. En primer lugar, no se trata de hacerte *gaslighting* para que te quedes en un ambiente tóxico ni que asumas la culpa de los problemas de los demás.

Es probable que tengas una lista muy definida de razones por las que determinados colegas merecen la etiqueta de "complicados". Quizá te han perjudicado, robado tus ideas, saboteado tu proyecto o mentido sobre ti ante tu jefe. Solo tú sabes quién está exento y quién no, así que no te diré que creas ciegamente en la bondad de alguien que tiene el mal hábito de clavarte un cuchillo por la espalda.

En segundo lugar, no es un libro para "arreglar" a esa persona, controlarla o convertirla por arte de magia en alguien normal.

La única persona a la que puedes cambiar es a ti mismo. Leer un libro y esperar que otra persona se transforme es como tomar un medicamento y esperar que otro se cure.

Más bien nos centraremos en hacer que la colaboración en tu trabajo sea lo más eficiente posible. Quiero ofrecerte estrategias y perspectivas que te ayuden a obtener mejores resultados con menos dolor. Al terminar, serás capaz de trabajar con (casi) cualquier persona sin perder la cordura ni la humanidad en el proceso.

Quiero mostrarte que el hecho de que sea complicado trabajar con alguien no significa que esa persona sea mala, esté equivocada o sea un caso perdido. No la convierte en "alguien con quien es difícil trabajar" en el sentido negativo y despectivo. "Difícil" puede ir de la mano de "complicado", pero no siempre es así.

Muchas veces, solo son complicados. Y está bien, ser así no es un obstáculo insalvable. De hecho, puede ser un regalo.

Lo bonito es que el proceso de aprender a colaborar con personas difíciles es transformador. Llegarás a conocerte mejor a ti mismo y entenderás mejor el enorme y diverso mundo que te rodea. Eso solo puede tener un efecto positivo. Como verás, muchas veces es una puerta indispensable para lograr mayor creatividad, equipos más fuertes y un aumento de la productividad.

Al otro lado de la complejidad está el maravilloso mundo de la colaboración eficaz y un entorno laboral que puedes llegar a disfrutar.

Ese es el objetivo que pretendemos alcanzar: colaboración y trabajo en equipo satisfactorio y productivo. Es el núcleo de todo lo que exploraremos a partir de ahora.

Para lograrlo, quizá tengas que hacer algo distinto a lo que has hecho hasta la fecha, sobre todo si te encuentras dentro de los dos tercios de la población que no está teniendo mucho éxito en esta área.

Necesitas estrategias sólidas para colaborar de forma eficaz con todo tipo de personas, sobre todo con las más quisquillosas, las lentas y las irritables. Con las atrevidas y las hipócritas. Con las desagradables. Con las que te sacan de quicio y te crispan los nervios. Con aquellas cuyos simples nombres en tu bandeja de entrada bastan para hacerte resoplar y mirar al cielo. Con las que incluso tienen un "apodo especial" en tus contactos del teléfono.

Llegaremos a esas estrategias en las páginas y capítulos que siguen, pero antes de eso quiero contarte algo importante, una clave oculta para desvelar el enigma de la gente que te rodea; si no comprendes esto, no habrá consejo, truco ni herramienta que te ayude. "Esas personas" no son las únicas difíciles, complejas y confusas. Ese jefe, ese cliente o ese colega no son los únicos complicados.

Tú también eres complicado.

TÚ TAMBIÉN ERES COMPLICADO.

EL IDIOTA A LOS OJOS DE OTROS

Dato curioso: hace poco acaricié a un perro por primera vez en mi vida. No exagero. Fue, tal cual, la primera vez que mostré afecto voluntariamente a un perro. No puedo evitarlo… me aterrorizan. Si tienes perro, jamás iré a tu casa. Punto.

En este caso hice una excepción porque la persona a la que visité tenía una enfermedad incurable, y me pareció mezquino negarme a visitarla por algo tan superficial como una fobia a las mascotas.

Descubrí enseguida que no solo tenían un perro… lo adoraban. No dejaban de hablar de él, así que cuando la pequeña criatura peluda se me acercó en busca de atención, fui consciente como para no hacer lo que realmente quería, que era apartarme con disgusto y empujarlo con el pie. Como un acto de amor y de supremo sacrificio, lo acaricié.

No me gustan las mascotas. Lo siento si te ofende, pero así soy yo.

Otro dato curioso: me gusta mantener limpios mi coche y mi casa. Y cuando digo me gusta me refiero a que me obsesiono. Lavo mi coche todos los días. Siento una inmensa tranquilidad al verlo recién aspirado.

Por ese motivo, también estoy obsesionado con los productos y aparatos de limpieza, algo que a mi mujer le parece divertidísimo. Compro de forma compulsiva y llevo a casa una variedad de cepillos, fregonas y otros artículos de limpieza. Nuestra aspiradora parece diseñada por la NASA. Tiene una pantalla LCD táctil, aspira y friega y puede hacer aterrizar un vehículo todoterreno en la Luna.

No tengo ningún problema en ponerme a limpiar delante de las visitas. Aunque haya veinte amigos en casa, a las ocho y media de la noche saco mi aspiradora, mi gran apoyo emocional, y la enciendo en medio de la conversación. No con el fin de enviar un mensaje para que se vayan, sino para que me ayuden a limpiar.

**Soy un maniático de la limpieza. Lo siento si te molesta.
Así soy yo.**

Podría seguir hablando sobre mi divertida, extravagante e irritante idiosincrasia… y probablemente tú también. No sobre la mía, claro, sino sobre la tuya. Todos tenemos una, nos reímos a costa de ella o la detestamos, pero forma parte de nuestra configuración mental, emocional y social actual, para bien o para mal.

A la hora de tratar con personas problemáticas en el trabajo, debemos empezar por fijarnos en nosotros mismos. Bienvenido a lo complicado, amigo mío. Tú eres parte del problema.

No pensamos así de primeras. Cada vez que le menciono a alguien el título de este libro, dice algo como: "Uy, sí, necesito ese libro. Deberías ver algunos de los payasos con los que trabajo". Yo les respondo: "¡Y te apuesto lo que quieras a que otra persona necesita el libro por tu culpa!". Entonces se ríen y asienten con la cabeza, porque saben que es cierto.

Uno de nuestros descubrimientos que me hizo reír a carcajadas fue el siguiente: el 74 % de la gente piensa que es menos difícil trabajar con ellos que con la media. Sin embargo, así no funciona la media. Es evidente que, aunque casi siempre somos muy conscientes de lo complicados que son los demás, no prestamos tanta atención a cuánto podemos serlo nosotros.

Esta es otra de las cosas que me hicieron reír de una forma nerviosa. Descubrimos que al menos uno de cada dos trabajadores (el 57 %) tiene un colega, un jefe o un cliente al que "siempre hay que estar salvando del drama y las complicaciones que crea". Esto significa que hay una gran probabilidad de que estés trabajando con alguien así.

Y si no… bueno, según las estadísticas, tú eres esa persona. Es broma. O más o menos.

Cuando se trata de trabajar con gente complicada, es fácil obsesionarse con las peculiaridades y dificultades de los demás, creer que nuestro trabajo y las oficinas serían mejores si todos los demás cambiaran. Es fácil sentir que estamos rodeados de idiotas que necesitan mejorar.

Pero la única manera en que llegaremos a trabajar bien con ellas es si aceptamos una dura realidad:

Todos somos idiotas a los ojos de otra persona.

Todos somos raros, complejos, irritantes o desconcertantes para alguien.

Asimilémoslo. Sé que los demás son complicados, pero no los entenderás hasta que te des cuenta de que tú también lo eres. Mientras tomas tu café y redactas mentalmente ese manual dirigido a tus colegas sobre "cómo ser menos complicado", alguien está haciendo lo mismo pensando en ti.

El otro día vi una publicación en redes sociales de la escritora y oradora Mel Robbins: "La verdad es que no es fácil estar con nadie".[3] Es simple, brutal y cierto. Todos confundimos a alguien. Todos frustramos a alguien. Todos somos molestos para alguien.

Eso no es excusa para nuestra ignorancia o mal comportamiento, pero pone las cosas en perspectiva, ¿no?

Tú eres complicado.

Yo soy complicado.

Todos somos complicados.

Tú eres

UNA PERSONA COMPLICADA

Yo soy

Todos somos

Reconocer esto requiere humildad, y también conlleva libertad para trabajar en nosotros mismos y darles la oportunidad a los demás para que hagan lo mismo. Libertad para conciliar o encontrar una tercera opción cuando tenemos fricciones, en lugar de insistir en que la otra persona se convierta en alguien que no es para que nuestra vida mejore.

En realidad, esto se reduce a tener la suficiente humildad, honestidad y conciencia de uno mismo para admitir que cualquier debate sobre lo complicados que son los demás debe empezar por lo complicados que somos nosotros mismos.

El escritor Alain de Botton dice: "Tenemos un desconcertante abanico de problemas que surgen cuando intentamos acercarnos a los demás. Solo parecemos normales para quienes no nos conocen bien. En una sociedad más sabia y consciente de sí misma que la nuestra, una pregunta habitual en cualquier primera cita sería: '¿Y tú cómo de loco estás?' ".[4]

Si lo contextualizamos, él hablaba de las citas y el matrimonio, pero es pertinente también en los eventos de *networking*. "Oye, Terrance, esta es mi locura; cuéntame acerca de la tuya". Cuanto más estrecha es tu relación laboral con alguien, más conscientes son ambos de las rarezas del otro. Tal vez sería útil que las solicitudes de empleo incluyeran la pregunta: "¿Y de qué manera eres complicado?".

Si fuera a presentarme con sinceridad, diría algo así:

HOLA, ME LLAMO *Ryan* Y SOY UNA PERSONA COMPLICADA.

Es complicado trabajar conmigo porque siempre tengo varios proyectos en marcha.

Soy como un libro cerrado.

Hay momentos en los que expreso con claridad lo que quiero de mi equipo, pero otras, si soy sincero, no sé lo que quiero o necesito hasta que lo veo.

A veces estoy muy presente en la sala, pero otras estoy pensando en ese otro asunto, en esa otra cuestión que necesita mi atención con urgencia.

Soy una persona introvertida con una profesión extrovertida.

Soy más temperamental de lo que me gustaría admitir.

Me encantan los humanos, pero soy alérgico al *afterwork* y a las charlas triviales.

SIMPLEMENTE SOY. . . COMPLICADO.

Ese es solo un pequeño resumen de cómo soy. Podría seguir con muchos párrafos más y aun así, sigo tratando de comprender lo complicado que soy. También sigo aprendiendo a aceptarlo y a perdonarme por ello. Pero hace mucho tiempo que me di cuenta de que me va a resultar extremadamente difícil ser eficaz a la hora de trabajar con los demás si no puedo ni siquiera reconocer mi propia idiosincrasia.

Tenemos que silenciar la voz interior que dice que los otros son el problema, que tienen que cambiar, que es difícil trabajar con ellos y que no están siendo razonables. ¿Y si cambiáramos el sujeto de esas frases?

Quizá soy yo el problema. Quizá soy yo quien tiene que cambiar. Quizá soy yo con quien es difícil trabajar. Quizá soy yo el que no está siendo razonable.

Es probable que esas frases sean incorrectas… pero tal vez tengan algo de cierto. Sin embargo, no lo sabrás hasta que te lo preguntes, y no te lo preguntarás hasta que recuerdes que tú también eres complicado.

Eso da miedo. Es una lección de humildad, pero es sano.

Una de las claves más importantes para trabajar con gente difícil es ser muy conscientes de nuestras complicaciones y, al mismo tiempo, aceptar las de los demás. No es una cosa o la otra, son ambas a la vez.

Tenemos que recordarlo constantemente porque es muy fácil ver a los demás como si sus complicaciones fueran el problema y nuestra "sencillez" la solución. Los tratamos como problemas que debemos resolver en lugar de como humanos a los que hay que comprender. Pero cuando hacemos eso, nos perdemos la magia que hay en el desorden: la magia en su desorden, en el nuestro y en la belleza que podríamos crear si aprendiéramos a desordenar las cosas juntos.

No es fácil, por eso muy pocos lo hacen bien. Si tú y esa otra persona son seres humanos complicados, es lógico que su relación laboral a veces resulte difícil. Pero la respuesta no es fingir que tú eres perfecto y ella es el problema. No se trata de anular su personalidad, burlarse de sus hábitos extraños, juzgar sus defectos o desear que cambie para que tu día sea más tranquilo.

Se trata de aprender estrategias para lidiar con personas complicadas. Eso comienza recordando —con humor, humildad y autocompasión— que todos somos idiotas a los ojos de otras personas.

TIENES OPCIONES

En cuanto hayas aceptado la realidad de tu propia complejidad, estarás mucho más preparado para relacionarte con otras personas complicadas.

Para muchos, esa actividad se repite cada día… o cada hora.

Piensa en todas las personas que forman parte de tu jornada laboral: clientes, consumidores, colegas, jefes, empleados, ejecutivos, colaboradores externos, socios, accionistas, miembros de los medios de comunicación, consultores, auditores, miembros del comité, donantes, inspectores… la lista es casi infinita.

Si trabajas con personas en distintos cargos —lo que incluye prácticamente a cualquiera con un empleo— no será fácil relacionarte con algunas de ellas. Tienen problemas, rarezas, lados oscuros y negativos. Eso no lo puedes cambiar.

Entonces ¿qué vas a hacer al respecto?

Aunque existen innumerables estrategias que puedes emplear para lidiar con individuos complicados, pueden dividirse en cuatro categorías generales:

OPCIÓN I:

Evitarlas

¿Cuál es la forma más sencilla de gestionar una situación difícil? Hacer como que no existe y esperar a que desaparezca. Cuando te encuentras con alguien que te desconcierta, puedes pensar: "Si lo evito, quizá me deje en paz. Si lo ignoro, no tendré que lidiar con él. Problema resuelto".

Mucha gente elige esta opción. En nuestra encuesta, descubrimos que el 61 % de los estadounidenses en activo evita siempre o con frecuencia a las personas complicadas en el trabajo. En el mundo del deporte y el entretenimiento, esa cifra aumenta hasta un 84 %, la más alta de todos los sectores que analizamos. En el de la comunicación y los medios, es de un 78 %. Eso es mucho tiempo, energía y emoción gastados en esquivar a las personas difíciles.

Lo entiendo. Ignorar o evitar a alguien puede proporcionar un alivio a corto plazo. Además, al optar por no involucrarte, incluso puedes creer que estás manteniendo la paz o cuidando tu energía.

El problema es que la vida no funciona así. No resuelves los problemas evitándolos o ignorándolos. La mayoría estamos atrapados con estos colegas, jefes o empleados complicados, por lo que no podemos ignorarlos aunque queramos. Están en la oficina de al lado, son nuestro superior directo o acaban de ascender a jefes.

Evitar a la gente problemática puede ser una solución temporal, pero no es viable a largo plazo.

OPCIÓN 2:

Cambiarlas

Esta suele ser nuestra estrategia favorita. Cuando tenemos reuniones creativas con nosotros mismos para planificar cómo vamos a tratar a una persona complicada, nuestra idea más brillante suele ser hacer que cambie y piense más como nosotros. De esta forma, los atraemos poco a poco hacia nuestras preferencias. Existe un término para describirlo, una palabra que nadie quiere usar para describir su forma de trabajar: "manipulación".

Intentar cambiar a alguien es una opción, pero no la más inteligente.

Es probable que te hayas encontrado en el otro lado y te hayan empujado hacia una dirección en la que no querías ir, y apostaría lo que fuera a que no resultó agradable. La estrategia de presionar funciona pocas veces porque a nadie le gusta que lo presionen, además, incluso si obligas a alguien a cambiar, en realidad nadie gana. Te guardarán rencor por actuar con mano de hierro y sabrás que modificaron su comportamiento solo para evitar un conflicto contigo.

Además, no es posible transformar a la gente desde fuera. Ya es bastante difícil cambiarse a sí mismo, y eso que tú estás de acuerdo con tus propias ideas. Es prácticamente imposible convencer a alguien de que haga algo que no quiere hacer. No puedes controlar la opinión que tienen de ti, ni su personalidad o su sistema de valores ni su visión del mundo, fobias o estilo de comunicación, ni siquiera su mal aliento o sus malos hábitos. Esas cosas y muchas otras más están fuera de tu alcance y por encima de tu nivel de responsabilidad.

El verdadero cambio es un viaje personal y a nadie le gusta que lo obliguen, manipulen o persuadan para hacerlo. Así que, aunque técnicamente puedes intentarlo, dudo que al final quieran trabajar contigo.

OPCIÓN 3:

Un día estaba trabajando con un directivo y le pregunté por un antiguo empleado que era amigo de ambos. Su respuesta fue: "¿Ese? Uy, ese está muerto para mí".

Su respuesta me sorprendió. ¿Muerto? ¿En serio? ¿Qué ha hecho para merecer este funeral mental y emocional?

En una era de interacciones digitales y relaciones fugaces, "ignorar" a alguien se ha convertido en algo tan natural y común como rechazar una invitación a un evento de Facebook. Básicamente significa descartar a cualquiera que no esté de acuerdo contigo o cuya opinión no coincida con tu visión del mundo. Esto podría significar cortar lazos, dejar de hablarse, poner fin a la relación por completo o, peor aún, abogar por su exclusión de los grupos o de la empresa. Puede pasar fácilmente de que los ignores a que creas que todos los demás deberían hacerlo. Es una pendiente resbaladiza que va de "no me agradas" a "no deberías agradarle a nadie".

Así como a la mayoría de la gente no le gusta que la presionen, tampoco quiere que la cancelen. Además, me parece que suele haber un poco de doble moral en nuestras normas para ignorar al resto frente a cómo nos tratamos a nosotros mismos y cómo queremos que nos traten. Como escribió Stephen M. R. Covey: "Nos juzgamos a nosotros mismos por nuestras intenciones y a los demás por su comportamiento".[5] Quizá sea propio de la naturaleza humana concedernos a nosotros mismos el beneficio de la duda mientras exigimos más a los otros, pero eso no significa que sea saludable.

Esta tendencia de ignorar a las personas difíciles nos deja con una operación matemática interesante:

ELLOS ME DAÑAN = MERECEN SER IGNORADOS

Pero cuando somos nosotros los que hacemos daño a los demás y ellos se molestan, la operación matemática que queremos es distinta:

YO LOS DAÑO = MEREZCO UNA OPORTUNIDAD PORQUE. . .

estaba enfermo.

tenía un mal día.

estaba estresado.

hubo una reestructuración en la empresa.

he perdido a alguien de mi familia.

me estaba divorciando.

estaba sometido a mucha presión

Asumimos de manera inconsciente que nuestra historia es válida y legítima, pero que los demás no tienen ningún pretexto para traer su "complicación" a la oficina. Queremos que ellos nos concedan el beneficio de la duda por cuestiones válidas y con muchos matices que desconocen, pero desdeñamos su comportamiento confuso sin preguntarnos si tal vez, solo tal vez, también merecen el beneficio de la duda.

Aunque hay determinadas situaciones en las que es necesario establecer límites o cortar lazos para tu bienestar (consulta el capítulo 8), ignorar como estrategia principal es, al menos, limitante. Recurrir a la desconexión por defecto te acaba aislando de una comunidad con la que podrías estar colaborando para convertir tu empleo en un lugar mejor. Cuando excluyes a personas con ideas y creencias distintas a las tuyas, frenas tu desarrollo, saboteas un diálogo saludable y fomentas la división.

Claro que es una opción… pero no la más recomendable.

OPCIÓN 4:

Comprenderlas

Esta no es una opción fácil, sin embargo, es la que permite el crecimiento y constituye el núcleo de este libro. Abraza el caos, amigo mío. Piensa en la persona más complicada con la que trabajas y busca cómo acercarte, comprenderla y conectar con ella.

Sé que puede ser difícil, pero nadie compra libros sobre cómo hacer cosas sencillas. La capacidad de aprender a hacer cosas exigentes es lo que separa a las élites de la gente común y a los grandes líderes de los jefes mediocres.

Estás hambriento por aprender a trabajar con esa persona tan confusa, frustrante, agresiva o difícil de tratar.

Y NO POR:

→ conspirar en su contra

→ evitarla

→ hacer que la despidan

→ demostrar que está equivocada

→ hacer como que no existe

Todo eso puede estar bien para alguien mediocre, pero yo diría que no para las personas en crecimiento, no para quienes quieren superar las reacciones inmediatas de molestia y frustración, y cosechar los frutos del auténtico trabajo en equipo.

Comprender mejor a la gente es una habilidad que se aprende y eso es una buena noticia. ¿Por qué? Porque significa que puedes desarrollarla y mejorar. Aunque es difícil acercarse a alguien del que preferirías alejarte, esta es una de las habilidades clave que te ayudarán a sobresalir, ser eficaz en tu vida y tu profesión, y convertirte en competente a la hora de conectar con distintos tipos de personalidades.

Cuando eliges comprender a las personas complicadas, te permites entablar un diálogo abierto, hacer preguntas sin juzgar, practicar la escucha activa y ver el mundo a través de sus ojos; eso amplía tu mundo. No tienes que estar de acuerdo con ellas en todo, pero aun así puedes reconocer su humanidad y su derecho a tener su propio punto de vista a la vez que te das cuenta de que solo las conoces parcialmente (y al resto del mundo) en el mejor de los casos. Eso es humildad.

Lograr comprender es lo que todos pretendemos, ¿no? Es lo que esperamos que alguien haga por nosotros antes de ignorarnos, intentar cambiarnos o bloquearnos. Esto es de suma importancia porque te garantizo que trabajas con al menos una persona que se siente incomprendida. Tú también te has sentido así. A todos nos ha pasado.

Mientras escribía este libro, presenté algunas de mis investigaciones a un equipo con el que trabaja mi empresa. Durante la parte de preguntas y respuestas de nuestra reunión en Zoom, una mujer llamada Lucy confesó que solía sentirse la "complicada" de su oficina. Intrigado, quise saber más. Lucy explicó a los presentes que es sorda de un oído. Sus compañeros pasaban a su lado —por el lado que no oía—, la saludaban y ella no respondía porque, bueno, no los oía. Como es natural, ellos asumieron que era maleducada.

Después hablé con uno de los directivos. Le sorprendió lo que había descubierto. Dijo: "Conozco a Lucy desde hace ocho años y no lo sabía". Piénsalo un segundo. Ocho años de malentendidos, momentos incómodos y, probablemente, algunos chismes de oficina, todo porque Lucy sentía que no podía compartir su historia.

Lo entiendo. Mostrarse vulnerable es difícil. Sin embargo, cuando Lucy se sinceró, su equipo tuvo la oportunidad de entenderla de verdad. Y así sin más, la etiqueta de "complicada" comenzó a desprenderse. Lucy no era complicada: era una incomprendida. Solo hizo falta un poco de valentía por su parte para comenzar a cambiar esa percepción.

Esta experiencia me recordó que todo el mundo tiene una historia y, a veces, las personas a las que etiquetamos como complicadas solo esperan el momento para compartir la suya. Cuando creamos entornos en los que la gente se siente lo suficientemente segura para mostrarse vulnerable y sincera, desbloqueamos un nuevo nivel de conexión y comprensión.

Piensa en algún momento en el que alguien te malinterpretó. ¿Recuerdas cómo te sentiste? Quizá tu jefe no valoró tus ideas sobre un proyecto, a tus colegas no les gustó cómo hiciste tu trabajo o un empleado que trabajaba para ti se molestó por una decisión que tomaste. ¿Qué te hubiera gustado que hicieran en ese momento? Escucharte. Comprenderte. Darte el beneficio de la duda. Desenredar tus "complicaciones" y ver el mundo a través de tus ojos.

Seguro que no esperabas que estuvieran totalmente de acuerdo contigo (aunque eso habría estado bien), pero al menos te hubiera gustado que fueran respetuosos contigo en vez de desestimarte con una etiqueta o una carcajada. Extendamos esa generosidad a los demás. En un mundo complicado, lo mejor que podemos hacer es intentar entendernos.

Uno de los hallazgos más alentadores de nuestro estudio fue que cuando preguntamos a la gente cuál de estas cuatro estrategias (ignorar, cambiar, cancelar o entender) utilizaba con más frecuencia; la respuesta más repetida fue "entender". Por supuesto, como mencioné antes, la tasa de éxito para resolver los problemas que causan las personas complicadas es bastante baja en general.

¿Qué significa eso? Al menos en parte, creo que indica que sabemos que necesitamos comprender a la gente complicada, pero no siempre lo logramos.

Ese es el objetivo de este libro. Queremos mejorar las estrategias individuales, las herramientas, los puntos de vista y las acciones que tienden puentes de entendimiento.

La palabra "con" en *Cómo trabajar con gente complicada* es en realidad el eje de todo este asunto. Sin embargo, es una palabra fácil de saltarse. Es una simple preposición, pero es poderosa. Es una palabra de conexión, de trabajo en equipo que fomenta las relaciones. Significa que estáis en el mismo bando y compartís un objetivo en común. Eso puede resultar difícil de creer cuando tu colega complicado te está trastocando la mente y los planes, pero te invito a que mejores en esto para progresar, hacerte más sabio y más cercano.

No toleres una situación tóxica hasta que te lleve al colapso, el fracaso o la ruptura. En lugar de eso, haz lo que puedas para comprender quiénes son, de dónde vienen, qué intentan conseguir, qué los motiva y cómo puedes tender un puente hacia su mundo. Aunque ellos nunca cambien, tú sí puedes hacerlo, y eso podría marcar la diferencia.

Probablemente ya lo hayas descifrado: el título de este capítulo era una trampa. "La persona por la que necesitas este libro"… eres tú. No solo porque eres el idiota a los ojos de otra persona (sin ofender), sino porque no puedes cambiar a nadie ni nadie puede cambiarte a ti.

El poder está en tus manos. La elección depende de ti. Nadie puede forzarte a trabajar con eficacia, sinceridad y autenticidad con personas complicadas. Tienes que decidir evitar el camino "fácil" de ignorarlas, cancelarlas o cambiarlas y, en lugar de eso, aprender a comprenderlas.

Cuando lo hagas, estarás un paso más cerca de la colaboración. Por supuesto, cuando tratas con una persona problemática cuya misión en la vida parece ser complicarte la tuya, puede haber momentos en los que te preguntes: ¿Para qué molestarse siquiera en intentar trabajar con ella? No quiero que colaboraremos. Quiero mandarla a otra zona horaria.

Esa es una buena pregunta. ¿Realmente vale la pena todo el esfuerzo y vulnerabilidad que exige la colaboración eficaz con gente complicada? Después de todo, no te pagan más cada vez que consigues lidiar con alguien así (¡sería increíble!, ¿no?). Respuesta corta: sí, vale la pena. La verdad es que tienes mucha más influencia de la que crees y, con un poco de esfuerzo y comprensión, puedes obtener una larga lista de beneficios. Eso es lo que exploraremos a continuación.

"LA PERSONA POR LA QUE NECESITAS ESTE LIBRO" ERES TÚ.

CAPÍTULO 2

BUENAS NOTICIAS, UNAS MEJORES Y OTRAS NO TAN MALAS

Mi primer trabajo fue en una zapatería llamada Finish Line en un centro comercial de Rockford, Illinois, a los dieciocho años. También fue ahí donde comenzó mi adicción a las deportivas. Mi sueldo volvía directamente a la empresa porque lo gastaba todo en zapatos.

Un día entró una mujer y le vendí unas deportivas para correr. Para mi sorpresa, me ofreció trabajo en una tienda de ropa que ella dirigía en el mismo centro comercial. Acabé trabajando a media jornada en ambas tiendas. Fue caótico, pero también divertido, porque a veces le vendía zapatos a un cliente en una tienda y luego, una hora después, una camisa de vestir en la otra. Mi respuesta favorita ante su confusión era fingir que era un gemelo.

Unos meses después, uno de mis jefes en Finish Line consiguió un trabajo en un Best Buy en la misma calle y me pidió que fuera a trabajar para ellos porque necesitaban personal para las vacaciones. De repente tenía tres trabajos al mismo tiempo en un radio de menos de dos kilómetros. Hubo un periodo de tres meses en los que te podía vender unos Jordan, unos pantalones de mezclilla y un exprimidor en el mismo día.

Esa temporada no solo fue mi introducción en el mundo laboral, sino que también me enteré de lo complicado que puede ser el trabajo, sobre todo al interactuar con la gente. Las tres empresas tenían productos, culturas, valores, procesos de contratación y estilos de liderazgo totalmente distintos, pero el mayor reto de todos fue aprender a lidiar con la avalancha constante y siempre cambiante de clientes con los que trataba cada día.

Tiempo después dejé atrás el caos de los trabajos a media jornada y me sumergí de lleno en el caos de la jornada completa como empleado en una empresa de selección de personal, en donde ayudaba a las organizaciones a cubrir puestos ejecutivos. Esto supuso un grado de complicación totalmente nuevo. Trabajar en el departamento de recursos humanos es como hacer malabares con espadas de fuego montado en un monociclo o sobre la cuerda floja. Eres el intermediario entre los empleados y la dirección, y hay que ocuparse de todo, de la contratación a los despidos, de las prestaciones a los conflictos. Hay que ser terapeuta, detective y diplomático a la vez.

Trabajé en distintos lugares desde entonces y también emprendí negocios propios.

He dedicado los últimos años a ser *coach* ejecutivo y conferencista para empresas de Fortune 100, lo que me permitió conocer de primera mano los retos que plantea el liderazgo en una gran variedad de sectores. En las dos décadas que transcurrieron desde que iba de un trabajo a media jornada a otro, hay un par de cosas que no cambiaron: en primer lugar, mi amor por las deportivas; en segundo, la realidad y la complejidad de trabajar con personas.

Los robots aún no se han apoderado del mundo, lo cual significa que vamos a trabajar con personas sea cual sea el tipo de negocio. Algunas serán complicadas. Para ser justos, todas lo serán de una forma u otra.

No puedes renunciar a trabajar con ellas porque el ser humano es un ente complicado. Ojalá pudieras trabajar en un mundo perfecto, donde pudieras contratar solo a personas perfectas, vender solo a personas perfectas y trabajar solo para personas perfectas, pero es imposible. Para empezar, ni siquiera existirías en ese mundo, y en segundo lugar, nadie más estaría en esa lista.

Somos seres complejos y llenos de matices con días malos y grandes sueños a los que nos aferramos con tenacidad e historias complicadas que llevamos al trabajo todos los días. Nadie llega a las ocho de la mañana a trabajar, se va a las cinco de la tarde y luego deja de existir hasta la mañana siguiente. Todos tenemos una vida en casa, una laboral, una de ocio y una amorosa… o al menos nos gustaría tenerlas.

Eso significa que, aunque estemos sentados en una reunión, estamos reservando energía para nuestros planes de la tarde o del siguiente fin de semana. Quizá estemos dedicando algunos recursos mentales a la discusión que tuvimos con nuestra pareja la noche anterior o el tejado de la casa que debemos reparar. Y si tú y yo hacemos todo eso, ¿no es lógico que los demás presentes en la sala de juntas estén haciendo exactamente lo mismo?

En última instancia, la mayoría de las cosas difíciles con las que uno tiene que lidiar durante un día normal probablemente se relacionen con las personas. Sé que los organigramas, las hojas de cálculo, las reuniones presupuestarias, las presentaciones de producto y los balances también son enrevesados y complejos. Pero detrás de todo eso hay seres de carne y hueso.

Casi todos los problemas laborales son problemas humanos, al menos en cierta medida; involucran o afectan a personas, o dependen de ellas. Esto significa que tienes que mejorar tu vínculo con las personas en general si quieres trabajar mejor con las complicadas.

No tienes que transformarte por arte de magia en un extrovertido si toda la vida has sido introvertido, pero sea cual sea tu personalidad, es crucial que mejores cuando trabajas si quieres que tanto tú como los demás tengan éxito. Haz un doctorado en qué significa ser humano. Lee, estudia, pregunta, aprende, empatiza, crece y conecta hasta que puedas ver a las personas más allá de las complicaciones y entiendas que solo intentan mantener su vida en orden mientras se ocupan de su matrimonio, crían niños que se creen adolescentes (o adolescentes que se comportan como niños) o lidian con episodios ocasionales de angustia existencial.

La cuestión es la siguiente: los seres humanos no son problemas que hay que resolver. Claro que tienen problemas y no hay duda de que los causan, pero son personas y, al fin y al cabo, eso es más importante.

Si eres capaz de recordar que estas personas problemáticas son, ante todo, seres humanos...

—Y NO PROBLEMAS, ASUNTOS O COMPLICACIONES—

... te resultará más fácil trabajar con ellas.

¿POR QUÉ MOLESTARSE?

Teniendo en cuenta lo complicados que somos todos, quizá te preguntes si vale la pena esforzarse por mejorar el trabajo en equipo y lograr una colaboración más efectiva. Claro que las personas difíciles merecen respeto y comprensión, pero ¿no podríamos ofrecerles eso desde la distancia? A ser posible, mientras nos despedimos de ellas, viendo cómo se alejan de nuestro espacio laboral para siempre.

Pero no, no se puede.

Como ya hemos visto, las personas complicadas están en todas partes. Son tan inevitables como los golpes en la puerta de tu coche o los semáforos en rojo cuando llegas tarde al trabajo.

Pero no te resignes de mala gana a trabajar con ciertos colegas solo porque no puedes escapar de ellos. Para empezar, es una forma deprimente de verlo, pero lo más importante es que no tiene en cuenta los beneficios de aprender a trabajar con ellas de forma eficaz.

¿Beneficios? ¿Qué beneficios podrías obtener del trabajo arduo y a veces ingrato de construir puentes en lugar de quemarlos?

Una parte considerable de nuestra investigación se centró en responder esa pregunta. No queríamos hacer una encuesta nacional solo para demostrar que las personas complicadas están en todas partes y nos están volviendo locos. Es decir, quizá sea así, pero eso no es muy inspirador.

Lo que queríamos era saber cómo cambiaría la experiencia de la gente en su trabajo si pudieran conseguir ser más eficaces a la hora de comprender e interactuar con gente difícil. Los resultados fueron claros: los trabajadores creen que mejorarían todos los aspectos que analizamos, desde la satisfacción laboral hasta la productividad, pasando por la innovación.

A decir verdad, era lo que esperábamos descubrir. Está en consonancia tanto con el sentido común como con la experiencia en el mundo real que todos aportamos.

Sin embargo, hay algo que no esperábamos revelar, algo que me da esperanza y confianza en que podemos mejorar y, por tanto, obtener esos beneficios: la cantidad de gente que perjudica tu experiencia laboral es probablemente menor de lo que tus emociones te llevan a creer, solo que tiene un impacto desmesurado.

La mayoría de la gente (un 84 %) suele trabajar con entre una y cinco personas complicadas. Ese es un número relativamente pequeño de individuos.

Llaman mucho la atención.

Son exageradas.

Aparecen mucho en tus sesiones de terapia...

PERO SON SOLO UNOS CUANTOS.

Piénsalo, es esperanzador, amigo mío. Si mejoras tu relación con este pequeño y específico grupo de gente, es probable que tu experiencia laboral mejore drásticamente.

Puedes lograrlo. Hace falta trabajar y crecer, pero los beneficios son reales.

Entonces ¿cuáles son estos beneficios? ¿Por qué deberías colaborar con personas complicadas? Para responder a esa pregunta, tengo buenas noticias, unas mejores y otras no tan malas como parecen.

COMENCEMOS CON LAS BUENAS NOTICIAS.

BUENAS NOTICIAS:
DISFRUTARÁS AÚN MÁS TU TRABAJO

Según nuestro estudio, casi la mitad de los estadounidenses (el 47 %) señala que las personas complicadas tienen efectos "negativos" o "muy negativos" en su satisfacción laboral, mientras que otro 41 % dice que son "ligeramente" o "un poco negativos". Eso significa que, para casi nueve de cada diez personas, colaborar mejor con sus colegas problemáticos llevará a una mayor satisfacción laboral… incluso sin que cambie nada más.

Entonces, el poder está en tus manos.

Antes mencioné que podrías pasar entre 85.000 y 90.000 horas en el trabajo a lo largo de tu vida. Sería horrible odiar ese tiempo, ¿verdad? Sin embargo, es precisamente lo que muchos sienten. Ven el trabajo como un mal necesario, algo que hay que soportar para poder cobrar el sueldo que necesitan para vivir, para ir a trabajar, para cobrar, para vivir, para trabajar, para cobrar…

Pero ¿realmente quieres eso? Si vas a trabajar de todos modos, es mejor que hagas lo posible por mejorar cómo lo vives. Eso incluye averiguar cómo trabajar con las personas complicadas que están drenando tu tiempo, alegría y energía. Quizá te encante lo que haces, pero si odias a la gente con quien lo haces, tu satisfacción laboral desaparecerá.

No hacía falta investigar para saberlo, claro. Probablemente se lo has estado diciendo a tus compañeros de trabajo, a tu pareja o a tus amigos. "Si cambiaran de puesto a Miguel, podríamos hacer el doble de trabajo con la mitad de problemas". "Si despidieran a Sarah, mi vida sería mucho más fácil".

En nuestro último estudio, el 75 % de las personas coincidió en que la gente complicada está "creando una crisis de estrés y frustración en el trabajo".

Cuando les preguntamos a los encuestados por situaciones concretas en las que se enfrentaban con personas complicadas, se desahogaron con nosotros. Encabezaban la lista los problemas de comunicación, los anímicos, la pérdida de unidad y confianza y la escasa satisfacción laboral, seguidos de cerca por los efectos negativos en la salud mental, la productividad, el compromiso, la concentración, la retención de empleados y la innovación.

Cuando les preguntamos cuáles eran los comportamientos más probables ante este perfil de individuos, el evitarlos encabezaba la lista, seguido por la pérdida de confianza en la dirección, el odio hacia el trabajo y la pérdida de confianza en la empresa. También había un grupo significativo de personas que evitaban determinadas reuniones, renunciaban o consideraban la posibilidad de hacerlo, modificaban su horario laboral, solicitaban un traslado o no daban lo mejor de sí mismos.

El impacto emocional y mental de la gente complicada al que me referí antes fue uno de los resultados más alarmantes. Descubrimos que más de la mitad de los encuestados había lidiado con altos niveles de estrés, enfado, amargura, frustración o desesperación en el último año por culpa de ellas. Más de un tercio tenía pérdida de sueño, depresión, miedo, ansiedad o incluso cambios de personalidad. Muchos más buscaron terapia o asesoramiento y se les diagnosticaron problemas médicos o tuvieron pensamientos suicidas tras experimentar acoso o abuso emocional.

Otros estudios sobre los conflictos interpersonales en el trabajo descubrieron lo mismo: cuando existen tasas elevadas de conflicto, las personas tienden a disfrutar menos del trabajo. Estas interacciones pueden ser una de las principales razones por las que piensan en renunciar.[6] Está claro que las personas complicadas están causando problemas reales a todo el mundo.

La cuestión es la siguiente: es probable que de momento ni Miguel ni Sarah se vayan a alguna parte, pero si tú mejoras tu conexión con ellos (o con quien esté rondando por tu cabeza o tu oficina), tu satisfacción laboral aumentará casi de forma inevitable porque ellos contribuyeron a que se desplomara primero. A eso me refiero cuando digo que recuperes tu poder.

NOTICIAS AÚN MEJORES: PUEDES
OPTIMIZAR TU LUGAR DE TRABAJO

Si lo consigues, tu empresa será un lugar mejor tanto para ti como para los que te rodean. No se trata solo de disfrutar más de tu trabajo, sino de ayudar a que los demás también lo hagan.

La gente suele pensar que sus empresas serían un lugar mejor si los beneficios fueran mejores, si tuvieran más opciones sobre acciones o mayores primas o si hubiera más oportunidades para el crecimiento profesional. Todo eso sería bonito, pero cambiarlo no siempre estará en tus manos. Sin embargo, nuestra investigación indica que todas las facetas del trabajo que analizamos: comunicación, estado de ánimo, unidad y confianza, salud mental, productividad, compromiso, entre otras, podrían mejorar si reducimos los problemas asociados con las personas complicadas.

Como ya he dicho, eso te devuelve el poder. ¿Cómo? Porque te permite mejorar tu entorno laboral con cada interacción positiva. No sobrestimes el poder de estas interacciones para cambiar a la gente que te rodea, tengas o no el cargo de "líder".

Cuando doy charlas a grupos, suelo decirles que la moral de la empresa se determina con cada interacción. Cuando empiezas a trabajar en algún lugar, el primer correo electrónico que recibes comienza a configurar la historia que te cuentas a ti mismo sobre la empresa. Si es un correo grosero, esta gente parecerá grosera. Si la primera reunión ofrece un espacio para que se escuchen las voces y personalidades más tranquilas, esta gente nos parecerá inclusiva.

Te des cuenta o no, en algún lugar hay personas que se están contando una historia sobre el lugar donde trabajas basándose en tu comportamiento. ¿Es una historia buena o mala? ¿Es saludable o tóxica? ¿De colaboración o complicada?

Tú y yo tenemos el poder de cambiar la percepción de nuestros compañeros de trabajo con cada interacción. No podemos cambiar la empresa en su totalidad de la noche a la mañana, pero sí podemos trabajar en las interacciones sobre las que tenemos cierto control, en especial, aquellas con personas complicadas.

Cuando les preguntamos a los participantes de nuestro estudio qué es lo complicado de trabajar con alguien, la respuesta ganadora por mucho fue "actitud", y un 68 % la señaló como una de las tres principales características que asocian con las personas complicadas. Esta es la cuestión: las actitudes son contagiosas. Probablemente hay veces en que has presenciado una actitud negativa de alguien y otra cuantas, una positiva.

Hay una teoría sobre las redes sociales llamada los tres grados de influencia, que afirma que nuestra influencia sobre otras personas se extiende a tres círculos —o grados— de conexión. La propusieron los investigadores sociales Nicholas Christakis y James Fowler, quienes escribieron:

"*TODO* lo que hacemos o decimos se extiende a nuestra red, por lo que afecta a:

NUESTROS AMIGOS

un grado

LOS AMGOS DE
NUESTROS AMIGOS

dos grados

E INCLUSO
A LOS AMIGOS
DE LOS AMIGOS
DE NUESTROS AMIGOS

tres grados

Nuestra influencia se va disipando poco a poco y deja de tener un efecto visible en las personas más allá de la frontera social situada a tres grados de separación. Del mismo modo, nos vemos influidos por amigos en un radio de tres grados, pero normalmente no más de eso".[7]

Esto significa que tienes una influencia enorme, no importa si eres el alma de la fiesta o el introvertido de la oficina. Supongamos que interactúas con veinte personas a diario, cada una de ellas lo hace con otras veinte y así sucesivamente. Si nos basamos en esta teoría, en un periodo de 24 horas podrías tener un grado de influencia en ocho mil interacciones.

Recuerda que casi todos los participantes de nuestra encuesta afirmaron haber tratado con entre una y cinco personas complicadas con regularidad en su trabajo. Piensa en cuántos individuos tienes delante. Si aprendes a aprovechar esos momentos de interacción para cambiar tu comportamiento podrías beneficiarte no solo de esos colegas complicados en particular, sino también de su círculo de contactos y del círculo de su círculo. En definitiva, podrías ayudar a disipar decenas de encuentros negativos porque sabrías cómo interactuar de una forma saludable, positiva y alentadora con un puñado de personajes malhumorados.

Di una ponencia ante dos mil quinientos farmacéuticos en un acto organizado por la Asociación Americana de Farmacéuticos. No sé cuál es tu experiencia general en las farmacias, pero para la mayoría, creo que es parecido a ir a una oficina de tráfico o de correos: nadie quiere estar ahí y todos están de mal humor. Solo van porque alguien está enfermo, y esperan que el médico escriba correctamente la receta y que y no tener que pagar mucho por el medicamento.

Hablé con estos farmacéuticos sobre liderazgo y sobre cambiar el ánimo y el entorno en el que trabajaban; casi podía leer sus pensamientos: "¿Y qué quieres que hagamos? La gente está enferma. Es deprimente. Cómo no van a estar de mal humor".

Les dije que la primera pregunta que me suelen hacer en una farmacia es: "¿Tarjeta sanitaria?". Nada de saludos ni sonrisas, solo "¿tarjeta sanitaria?" mientras el farmacéutico revisa la pantalla de su ordenador. La segunda pregunta suele ser: "¿Tiene receta?". Y sigue así hasta que la persona recibe su medicina y sale corriendo.

Entonces, pregunté al público lo siguiente: "¿Y si miraran directamente al cliente y le preguntaran, desde el corazón, cómo se encuentra?".

Por la forma en la que me miraron, parecía que había anunciado que al final de la sesión lanzaríamos un cohete a Marte. Les dije que el hecho de que la gente estuviera de mal humor y los farmacéuticos estresados no eran razón para no dar pasos sencillos que conecten y susciten un cambio.

A menudo, cuando hablo, muestro lo fácil que es marcar la diferencia preguntando al público cuántos de ellos han celebrado alguna vez su cumpleaños. En una sala de mil personas, quizá treinta levanten la mano. Y entonces digo: "Eso es un 3 %. Así que la próxima vez que sea el cumpleaños de alguien, avanza doce meses en tu calendario y escribe una nota. Cuando sea su cumpleaños, envíales un mensaje o regálales un dulce. Hay un 97 % de probabilidades de que digan: "Nunca había trabajado en una empresa que celebrara mi cumpleaños". Así de fácil es marcar la diferencia. Es cuestión de que elijas usar tu influencia para bien".

NOTICIAS NO TAN MALAS:
NECESITAS A ESAS PERSONAS

Por último, esto puede parecer una mala noticia, al menos al principio, pero en realidad no lo es: necesitas a las personas complicadas. Quizá no a todas, pero sí a muchas. Dependes de ellas, aprendes de ellas y trabajas mejor gracias a ellas.

Tal vez te parezcan malas noticias porque probablemente te gustaría que se jubilaran o renunciaran a su puesto. Pero a largo plazo, muchas de estas conexiones complicadas te beneficiarán si aprendes a colaborar con más eficacia.

No me refiero solo a que necesites que hagan lo que les toca para que tú no tengas que hacerlo, sino a que realmente pueden añadir valor a tu trabajo y a tu mundo. Los necesitas en tu vida. Puede que tengan algunos rasgos malos, pero también tienen algo que aportar.

He notado que muchas veces nos resulta difícil admitir que podemos aprender o recibir algo de los colegas complicados. Por eso las llamo "malas" noticias. Parecen malas porque desafían nuestra necesidad interna de convertirlos en villanos. Preferiríamos cancelarlos y seguir adelante con nuestra vida. Admitir que los necesitamos parece contradictorio, confuso y, quizá, incluso humillante.

No se trata de restar importancia a tu dolor, pues tal vez identificaste las formas en que estas personas están arruinando tu jornada laboral o jugando con tu mente y tus emociones. Se trata más bien de una invitación a reconocer que a lo mejor no son tan malas. Muy pocas lo son. Y muy pocas son buenas del todo, si es que hay alguna. Todos tenemos un poco de ambas cosas.

El hecho de que las consideres complicadas suele significar que son diferentes a ti en algún aspecto, y eso significa que probablemente ofrecen algo que tú no tienes. Si logras descubrir cómo trabajar con ellas en lugar de ir en su contra, las virtudes y perspectivas únicas de ambos a menudo se complementarán y darán lugar a un resultado mejor que el que cualquiera de los dos habría conseguido por separado.

Las diferencias no siempre son fáciles de gestionar, por eso la primera reacción instintiva de mucha gente es rechazar o intimidar a cualquiera que sea demasiado diferente. Si lo apartan o lo reprimen, no se interpondrá en su camino.

Pero ¿de verdad quieres eso? ¿Quitar a la gente de tu camino?

Sí, eso suena bastante bien… al menos al principio. Pero espero que te des cuenta de lo pequeño que sería el mundo si lo haces.

Todos somos abismalmente distintos y eso es positivo de forma intrínseca. Cada uno lleva su maleta cargada de emociones, contextos e historias a esas reuniones de los lunes. Colaboras con personas con experiencias de la infancia muy distintas a las tuyas o que interpretan un simple guiño de forma inesperada.

Este rico tapiz de experiencias y perspectivas es lo que nos hace a todos únicos, pero también es la razón por la que Quinn, de Contabilidad, se enfada cuando alguien toma prestada su grapadora, o por la que Riley, de Recursos Humanos, tiene una peculiar afición por coleccionar patitos de goma, o por la que Harper, de Envíos, insiste en enviar sus correos electrónicos solo en Comic Sans.

En el núcleo del comportamiento humano hay diferentes motores invisibles: la ambición, el ego y la siempre presente resistencia al cambio. Esto significa que a algunas personas con las que tratas les inspiran sus sueños, otras su fuerte sentido de la autoestima y otras el deseo de encontrar consuelo en lo conocido. Hay a quienes les encantará cualquier cambio de rutina mientras que otros lo verán con escepticismo. Algunos soñarán contigo a pesar de los obstáculos y otros querrán un análisis de costes detallado y un plan paso a paso antes de considerar siquiera ese nuevo producto que tanto te entusiasma.

Si añadimos algún factor de estrés externo, como una crisis de salud inesperada o el gato del vecino que decidió empezar a cantar ópera en las noches, tenemos un popurrí de experiencias humanas alrededor de la misma mesa.

Y ahí es donde surge la magia.

AHÍ ES DONDE
SURGE LA MAGIA.

En esta loca mezcla de personalidades humanas, donde todo el mundo pone su complejo y misterioso yo sobre la mesa, descubres el ingrediente secreto de la creatividad más alucinante. La innovación nace en la encrucijada donde convergen nuestras distintas historias y peculiaridades. Sí, habrá baches en el camino, pero solo cuando abrazamos estas diferencias únicas podemos imprimirles vida y energía a nuestros esfuerzos colectivos.

La abundante diversidad y la hermosa imprevisibilidad de la humanidad convierten el reto de trabajar con personas complicadas en un valiente viaje de descubrimiento. En otras palabras, es bueno trabajar con personas así. No siempre es fácil, pero si lo haces bien podrás aprender no solo a tolerar o comprender sus complicaciones, sino a valorarlas, extraer sus lecciones y colaborar con ellas.

En cuanto te des cuenta del valor de las personas complicadas, creo que comenzarás a buscar personalidades que no entiendes porque tendrás curiosidad por saber qué ven ellas que tú no. En lugar de verlas como competidoras y mantenerlas a raya, bajarás la guardia y las tratarás como colaboradoras. Harás preguntas que irán más allá de simples problemas laborales, porque te importará lo que las motiva. Te darás cuenta de que pasas por alto algunos inconvenientes o comentarios incómodos porque valorarás su perspectiva y su forma única de pensar.

Analizaremos los beneficios de las diferencias, la diversidad y los desacuerdos en los próximos capítulos, así que por ahora solo recuerda esto: las personas complicadas pueden ser buenísimas para ti. Pueden ser la respuesta a los problemas que tú no podías resolver y los obstáculos que nunca habrías podido superar por tu cuenta.

Si tu reacción instintiva ante la actitud o las acciones poco usuales de alguien es sacudir la cabeza y preguntarte: "¿Por qué siempre me tocan los raros?", te perderás los regalos que conlleva esa extravagancia. Para recibir los beneficios que ofrecen, tienes que aceptar las complicaciones que entrañan.

Sé que eso suena igual de atractivo que abrazar un cactus, pero las personas sabias y excepcionales que quieren crecer pueden ver más allá de las espinas y valorar la contribución de la persona que hay debajo.

Así que, de nuevo, ¿por qué deberías ser mejor cuando trabajes con personas complicadas? ¿Por qué no ignorarlas, cancelarlas u obligarlas a cambiar?

- **En primer lugar, porque disfrutarás más de tu trabajo.**

- **En segundo, porque harás de tu entorno laboral un lugar mejor.**

- **Y en tercer lugar, porque las necesitas.**

Las personas son complicadas, pero merece la pena entenderlas. Esa es una lección que conviene recordar y un objetivo que también merece la pena perseguir.

CAPÍTULO 3

NO DEJES QUE TE SORPRENDAN

BAJAS

ALTAS

Hablemos de Baron, un dinámico ejecutivo farmacéutico de Chicago lleno de energía al que la mayoría de la gente le parecía vaga. Bueno, no es que creyera de verdad que era vaga, solo le parecía así en comparación con él. Sabía que sus expectativas eran altas, pero el liderazgo para él era pedir lo imposible antes de las nueve de la mañana y mostrarse perplejo porque lo único que querían los demás era terminarse su café.

Ya sabes de qué tipo de personas hablo, aquellas que piensan que usar capa y hacer una entrada de superhéroe es parte de cualquier descripción de un puesto de trabajo. Baron se exigía mucho a sí mismo y, por tanto, le exigía mucho a su equipo. A menudo, se sorprendía a sí mismo esperando milagros de personas que a veces hasta tenían problemas para encender la cafetera. El lunes quería que descubrieran un nuevo fármaco revolucionario que estuviera aprobado por la FDA para el miércoles y que el viernes hubiera campañas publicitarias virales.

Sin embargo, en lugar de empleados que lograran hazañas de superhéroes, se encontraba constantemente con seres humanos normales llenos de imperfecciones y emociones, y que incluso se atrevían a reclamar horas de sueño. La brecha entre las expectativas de Baron y la realidad era tan vasta como el Gran Cañón.

Una semana me invitaron a dar una charla que Baron describiría después como "ese fatídico seminario para fomentar el trabajo en equipo", diseñado para crear camaradería al compartir círculos y ejercicios grupales. El grupo hizo un ejercicio de confianza en el que Baron se dejó caer de espaldas a los brazos de los miembros de su equipo. Él sabía que lo sostendrían y dio por sentado que sentiría las manos de todos en su espalda en cuanto comenzara a caer. Pero no fue así. El equipo esperó hasta el último segundo para atraparlo y no dejarlo en el suelo. La mirada de asombro y pánico en su rostro no tuvo precio, y todo el equipo estalló en carcajadas.

A pesar de que para todos fue algo fugaz y bastante "normal", ese momento de debilidad afectó mucho a Baron. Para su equipo siempre había sido alguien estoico, formal y totalmente volcado en el trabajo. Nunca lo habían visto alterado —ni siquiera un poco despeinado— hasta ese día, lo que significaba que nunca lo habían visto ser… humano.

Habían creado muchas cosas como equipo. Construyeron y vendieron mucho, pero nunca se habían reído tanto.

Baron se dio cuenta de que, al permitirse simplemente ser un poco menos perfecto y un poco más humano, había cambiado la dinámica del equipo por completo.

De vuelta en la oficina, comenzó a experimentar con otro método. Empezó a esperar sorpresas, desastres y el hermoso caos de la imperfección humana. Ya no resoplaba ni miraba al cielo cuando una reunión de proyecto se convertía en una sesión de lluvia de ideas sobre invasiones alienígenas como metáfora de la disrupción del mercado, sino que se sumaba y contribuía con ideas sobre el cumplimiento de las normas intergalácticas.

Baron comenzó a lidiar con los golpes. Ya no dejó que la diferencia entre su ritmo y el de los demás lo desconcertara. Las fechas de entrega se hicieron más realistas. Las reuniones ya no se trataban tanto de leer la mente, sino de generar ideas brillantes, como usar memes en las presentaciones. El cambio fue sutil, pero profundo. Los colegas empezaron a esperar con impaciencia las interacciones con Baron y a compartir ideas que antes se habrían guardado por miedo a no estar a la altura de sus exigencias imposibles. La creatividad floreció junto con las risas y el sentido de camaradería que faltaba.

En mi papel de *coach* ejecutivo de Baron, ser testigo de su transformación fue como ver a un supervillano descubriendo su talento para cantar en el karaoke. Así que, en un mundo donde la perfección era la norma, Baron aprendió a encontrar la alegría en la imperfección, la comicidad en los errores y, para sorpresa de todos, la eficacia cuando abrazaba el caos.

Cambió sus expectativas y eso lo cambió todo.

Cuando las personas nos parecen "complicadas" suele ser porque no cumplen nuestras expectativas. Hay algo en ellas (su personalidad, su forma de comunicarse, sus modales, su liderazgo, sus habilidades sociales o su comportamiento) que no acaba de cuadrar con nuestra definición de lo que es "correcto", "normal" o "bueno".

nos perturban el
ritmo, nuestras metas
o preferencias

nos hieren

ELL

hacen las cosas de
forma distinta

nos retrasan

sabotean
nuestro trabajo

OS

nos frustran

alteran
nuestros
planes

nos
estorban

Y POR ESO DECIMOS QUE SON

COMPLICADOS.

No es que seamos unos tiranos egocéntricos que piensan que el mundo gira a su alrededor, pero tenemos trabajo que hacer, plazos que cumplir, productos que diseñar, nóminas que cobrar, carreras que alimentar, empresas que crear y sueños que cumplir. Lo último que necesitamos son personas difíciles jugando con nuestra mente o nuestros planes. Este es mi consejo:

No dejes que te sorprendan.

Esto depende de ti.

Está bajo tu control.

¿Por qué te sigue sorprendiendo que la gente sea complicada?

¿Qué podrías hacer para que sus errores y su humanidad no te asombraran tanto?

¿Cómo podrías, al igual que Baron, aprender a abrazar la imperfección y obtener eficacia del caos?

Tengo un par de sugerencias. La primera: establece de antemano expectativas realistas. Estas son la clave de cómo experimentas cualquier cosa. La segunda: identifica cómo reacciona el cerebro cuando se siente amenazado, así podrás engañar a tu instinto de supervivencia para que construya puentes en lugar de barreras.

Enseguida retomaremos la conversación sobre el instinto de supervivencia, pero hablemos primero de las expectativas. Si no quieres que la gente te sorprenda, deja de esperar lo imposible de todo el mundo. Deja de lado las expectativas que los predisponen al fracaso y te preparan para la frustración. En otras palabras, desintoxícate de las expectativas.

DESINTOXÍCATE DE LAS EXPECTATIVAS

"Desintoxicarse" significa expulsar algo de tu organismo. Quizá hayas eliminado los dulces para desintoxicarte del azúcar o has borrado X de tu móvil para limpiarte de las redes sociales. Es un reseteo. Una oportunidad para que el cuerpo y las emociones se estabilicen en un lugar más saludable.

Me gustaría proponerte una desintoxicación de expectativas relacionada con las personas más complicadas que formen parte de tu vida, y trates de evaluar con conciencia y sinceridad qué crees que deberían hacer y por qué lo que esperas está tan alejado de la realidad. Se trata de reflexionar sobre cómo tus valores, hábitos y necesidades podrían ser motivos por los que siguen decepcionándote. Tal vez tus expectativas sean totalmente razonables y correctas… o tal vez no. O quizá "correctas" signifique una cosa para ti y otra para ellas, y hasta que no consigas asimilar su forma de ver las cosas, te seguirás sorprendiendo por cómo actúan.

Una vez, mientras hablaba con un cliente, no paraba de decir: "Con suerte, mi jefe cambiará". Le contesté un poco incrédulo: "¿Y por qué iba a pasar eso? ¿Qué pruebas tienes que te hagan creer que va a cambiar, si él cree que no necesita cambiar?".

Al principio se quedó mirándome; al cabo de un rato, sonrió. Una sonrisa triste. Ambos sabíamos que el jefe en cuestión ni siquiera estaba intentando hacer el más mínimo cambio. En lugar de perder tiempo y energía en pensamientos ilusorios, este cliente tenía que volver a responsabilizarse de sí mismo en una situación que para nada resultaba ideal.

Tenemos que dejar de esperar que cambie la gente que ni siquiera tiene intención de hacerlo. Si alguien está en un camino de mejora personal, habrá señales. Ellos mismos las enviarán. Pagarán formaciones, se inscribirán en el gimnasio o en una conferencia. Irán a terapia o a un curso de desarrollo profesional. Leerán libros o escucharán pódcast. Harán preguntas. Aprovecharán activamente los medios que estén a su alcance para crecer.

Sin embargo, mucha gente no lo hará porque piensa: "Yo estoy bien. El problema son todos los demás". No te quedes esperando a que alguien así cambie o cumpla tus normas. Tú eres más exigente con ellos que ellos mismos.

¿Sabes qué es lo que sí puedes cambiar? Tus expectativas.

Tener expectativas realistas es la clave ante cualquier experiencia. No anheles lo imposible y mucho menos te sorprendas después si no lo recibes.

Cuando se trata de lidiar con personas (con todas, pero especialmente con algunas), siempre insisto en la importancia de establecer las expectativas correctas. Eso significa asumir que algunas personas serán complicadas, te parezca razonable o no.

Esto lo hago a menudo cuando voy a hacer una llamada o a entrar a una reunión. Me recuerdo que probablemente, esto no será fácil ni irá como la seda. Probablemente no estén de acuerdo conmigo en todo. Quizá haya algún malentendido que tengamos que aclarar. Pero no pasa nada si es complicado. Acabaremos resolviéndolo.

Es un hábito positivo porque evita que correlacione mi definición de una llamada o reunión "productiva" con sensaciones de felicidad o buenas vibraciones. Las cosas pueden ser incómodas y, aun así, ser maravillosas. Puede ser caótico y, aun así, productivo. De hecho, suele ser todo eso a la vez.

Siempre que interactúes con otro ser humano, ya sea cara a cara, en una reunión, por correo electrónico o en una videollamada, deja de pensar que será sencillo, que verán las cosas a tu manera o que usarán palabras bonitas y emoticonos de carita feliz. No dejes que tu mente defina a alguien como "complicado" solo porque esperabas que fuera alguien sencillo y resultó ser humano, o bien porque tenías prisa por llegar a una resolución, pero planteó una objeción a tu idea, o tal vez porque diste por sentado que su tiempo de respuesta sería el mismo que el tuyo, pero tenía otras prioridades.

En concreto, no dejes que tu estabilidad emocional dependa de personas que no cumplen las expectativas que jamás les comunicaste. Poner expectativas tácitas en los compañeros de trabajo es como obligarlos a cumplir un contrato secreto que nunca firmaron. Si haces de tus expectativas el árbitro final de lo que es bueno y lo que es malo, de quién es fácil y quién es complicado, le habrás dado demasiado poder a tu imaginación, sobre todo, si nunca te has tomado la molestia de verbalizar esas normas internas, difusas y subjetivas.

Donald Miller escribió: "Cuando dejas de esperar que los demás sean perfectos, pueden agradarte por lo que son".[8] Algunos necesitamos quitarnos presión de encima y simplemente dejar que las personas que nos rodean sean ellas mismas (y habrá quienes deban hacer lo mismo por nosotros… pero eso depende de ellas).

Siempre que te encuentres en la situación de tener que tratar con una persona complicada, haz una rápida desintoxicación de expectativas, un reseteo, y asegúrate de que estás esperando lo correcto.

 **Si es treinta años mayor que tú, ¿crees que es razonable que entienda la tecnología con tu misma rapidez?**

 **Si este es su primer empleo tras salir de la universidad y nunca ha tenido un trabajo de jornada completa, ¿es lógico exigirle que iguale tu ética laboral y tu nivel de conocimientos desde el primer día?**

 **Si está pasando por un divorcio, ¿acaso es humanamente posible que mantenga un equilibrio emocional constante?**

Tener expectativas razonables es una forma de protegerte. Cuando tus expectativas no se ajustan a la realidad, te expones a la frustración e incluso a sentirte ofendido. Eso no es justo ni para ti ni para los demás. Además, si tu satisfacción en el trabajo depende de si te hacen la vida difícil o no, serás muy infeliz. Gastarás demasiado tiempo y energía emocional centrándote en cuántas veces el *boomer* Bob o la *millennial* Madison te desesperaron o te enfadaron.

Así que (y lo digo con amabilidad) no tengas la piel tan fina. No te desesperes tanto. Recuerda que la mayoría, la mayor parte del tiempo, también intenta sobrevivir, así que lo más seguro es que no se fije demasiado en tus manías o en tus sentimientos. Eso no los hace malas personas; los hace humanos, como tú.

En mi caso, me resulta útil establecer *a priori* mis expectativas siempre que puedo. Por ejemplo, cuando voy conduciendo. No es que odie el tráfico en hora punta… lo aborrezco. A decir verdad, detesto cualquier tipo de fila. La paciencia no es una de mis virtudes. Entiendo perfectamente los motivos por los que algunas personas ponen maniquís en el asiento del copiloto y conducen por el carril restringido. No digo que esté bien, pero lo entiendo. Por eso bajo mis expectativas cuando sé que va a haber tráfico, así estoy mental y emocionalmente preparado para todo lo que se me viene encima. Me digo a mí mismo: "Ryan, vas a estar ahí un buen rato. No te estreses. La gente se se va a colar. Se va a olvidar de que existen los intermitentes. No pasa nada. Pronto acabará".

Más o menos funciona. También tengo que poner un pódcast o llamar a un amigo para evitar centrarme en el hecho de que avanzaría más rápido si caminara descalzo sobre bloques de lego en ese momento.

Haz lo mismo cuando trabajes con personas que parezcan un poco complicadas. Prepárate para sus retrasos y errores. No te des por vencido, pero tampoco te expongas a una decepción, ni para ti ni para los demás, esperando demasiado.

Si estás presentando una idea o un producto, no esperes que todo el mundo aplauda o esté de acuerdo contigo. Si lo haces, es probable que te sorprendas, y no para bien. Te sentirás atacado, incomprendido, sin apoyo o menospreciado. Quizá salgas de la reunión refunfuñando sobre lo complicadas que son las personas sentadas en torno a la mesa.

Adapta tus expectativas antes de la reunión. Hazte a la idea de que vas a hablar ante seres humanos falibles, emotivos, ocupados, medio distraídos y, tal vez, estresados. Puede ocurrir de todo, así que prepárate para ello.

¿Entiendes cómo funciona? Si esperas que la gente sea complicada, estarás preparado y reflexionarás con antelación sobre cómo quieres mostrarte en esa situación, para que no te pille desprevenido y emocionalmente vulnerable. Tanto si se trata de una presentación, una reunión del comité, un correo electrónico, una evaluación del rendimiento o simplemente otro día lidiando con el gruñón de la oficina, modera un poco tus expectativas. Adáptalas a la realidad.

EN LUGAR DE...

esperar algo sencillo	→	acostúmbrate a la ambigüedad
desear que los demás cambien	→	adapta tus expectativas
ofenderte	→	siente curiosidad
enfadarte por las dificultades y los "idiotas" que las causan	→	acepta el desorden inherente a todo trabajo en equipo y creativo
dejar que la gente te sorprenda	→	intenta dejar de lado tus ideas preconcebidas sobre lo que harán, dirán o pensarán

Recuerda también que cambiar tus expectativas no significa pasar por alto los comportamientos que se pasen de la raya. De hecho, es más bien lo contrario. Una de las ventajas de establecer expectativas realistas es que te permiten identificar el momento en el que estás siendo la verdadera víctima de un maltrato y tienes que tomar medidas más drásticas. Si estás siendo víctima de acoso o abusos, busca ayuda sin dudarlo. El departamento de Recursos Humanos, tu supervisor o tu jefe y el sistema judicial existen por un motivo. No toleres los abusos en nombre de la flexibilidad, la dignidad, el trabajo en equipo, la unidad ni ninguna otra "virtud".

Cuando descubras que no se cumplieron tus expectativas, aprovéchalo como una oportunidad de aprender. En lugar de enfadarte con la gente que te decepcionó, piensa qué cambiarías para tener mejores resultados más adelante.

No hay atajos para la sencillez ni remedios mágicos para la complejidad. En lugar de perder el tiempo deseando encontrar uno, déjate llevar por la locura y el desorden inherentes al ser humano. Desintoxícate de tus expectativas y acostúmbrate a lo complicado.

CÓMO DOMAR AL CATASTROFISTA BIENINTENCIONADO

El primer paso para no dejar que la gente complicada te sorprenda es que establezcas con antelación expectativas realistas, como ya vimos.

Este es el segundo: reconoce los factores que activan tus alarmas internas.

En otras palabras, permanece atento a cuándo y por qué el cerebro a veces clasifica a alguien como difícil, problemático, raro, amenazante o complicado. ¿Por qué? Porque a la hora de evaluar a las personas es fácil equivocarse al menos en parte, por lo que tendrás que aprender cuándo y cómo engañar a la reacción instintiva del cerebro ante el peligro.

La prioridad absoluta del cerebro es mantenerte a salvo pero, como les ocurre a los padres sobreprotectores, a veces se equivoca. Intuye el peligro donde no lo hay o te dice que el cielo se está cayendo solo porque una bellota te dio en la cabeza. En su afán por evitar los peligros, suele asumir que cualquier cosa diferente o desconocida es peligrosa hasta que se demuestre lo contrario.

Eso significa que a veces tienes que dudar de ti mismo. No te quedes con tu reacción emocional inicial cuando las acciones de una persona complicada empiezan a molestarte, espantarte o irritarte. Tu cerebro puede estar exagerando en su papel catastrofista, imaginando los peores escenarios posibles.

A la mente le encanta contar historias que nos convierten en los héroes. Sin embargo, para que eso ocurra es necesario que nos inventemos cosas. Es imposible ver el interior de la mente o el corazón de alguien, por eso llenamos los huecos a nuestra conveniencia.

En su fascinante libro *La neurociencia de tu cerebro,* la doctora Chantel Prat dice lo siguiente: "Gracias a sus diferentes mecanismos para comprender el mundo, tu cerebro elabora una historia más concreta y completa, sin contar realmente con la información necesaria para respaldarla. Y no me refiero solamente de la forma en la que el cerebro interpreta las historias que lee. Me refiero a las que él mismo crea mientras produce tu experiencia de la realidad".[9]

EN OTRAS PALABRAS, siempre que tratas con una persona complicada, el cerebro está ocupado trabajando en la retaguardia, reuniendo datos y haciendo conjeturas más o menos fundamentadas sobre lo que no sabe con certeza, para que así puedas predecir su comportamiento y estar a salvo. Está evaluando constantemente:

→   ¿Este colega supone una amenaza?

→   ¿Se puede confiar en este jefe?

→   ¿Mi jefe está de mal humor hoy?

→   ¿Cómo consigo que este cliente compre mi producto o mis servicios?

→   ¿Cómo tengo que interactuar con mi jefe para conseguir un aumento?

→   ¿Qué hago para que ese individuo tan raro me deje en paz?

→   ¿Cuáles son los riesgos y los beneficios de enfrentarme al malote de la oficina?

Son preguntas difíciles y la mente nunca deja de considerarlas. Lo hace en tu beneficio, para mantenerte a salvo, feliz y contento, porque para eso sirve y es un trabajo de jornada completa. Es parte del motivo por el que el cerebro usa al menos el 20 % de los recursos del cuerpo a pesar de que solo constituye el 2 % de su peso.[10]

El problema es que la actividad centrada en uno mismo no es necesariamente consciente, y eso puede causar problemas cuando tratas con personas complicadas a las que el cerebro considera una amenaza. La archiconocida reacción de lucha o huida puede aparecer por culpa de un correo electrónico extraño, un comentario amenazador o una mirada aterradora de alguien de la oficina. En ese momento, es fácil que tus hábitos, hormonas, traumas y tragedias sean las que empiecen a gestionar el asunto y no tu mente consciente.

Las personas maduras y que trabajan su crecimiento personal son conscientes de los estímulos que desencadenan el modo de autoprotección en su cerebro y saben cómo responder. Estos son tres detonantes con los que debes tener cuidado.

I. INCOMODIDAD

Hay gente con la que es difícil trabajar, y "difícil" puede interpretarse como "malo". Recuerda que el cerebro prefiere contarte historias que te hagan sentir feliz y heroico, pero a menudo se trata de un mecanismo de supervivencia equivocado. Es probable que se enfrente a la vulnerabilidad y la incomodidad que sientes diciéndote: "No es culpa tuya. No tienes por qué seguir viviendo esto. Búscate a alguien que piense más parecido a ti. Es demasiado difícil trabajar con esta persona".

¿Pero de verdad es así o tal vez simplemente es más difícil trabajar con ella porque está cuestionando tus suposiciones y enfrentándose a tus lagunas? Quizá sus discrepancias están haciendo que tu cerebro piense, crezca y luche con algunos temas... y se esté quejando un poquito de eso.

Déjate llevar por la incomodidad. Acepta lo raro. Deja que la vulnerabilidad y la tensión existan sin juzgarlas u odiarlas de inmediato.

Sí, puede ser agotador. Cuando no comprendes a alguien o estás en desacuerdo con su forma de ver las cosas tienes que esforzarte más para que todo salga adelante. Cualquier cosa puede parecer una batalla. También puede ser incómodo. El hecho de explorar las diferencias es arduo y emocionalmente arriesgado. En todo momento sientes que estás ofendiendo o que te están ofendiendo. Es incómodo y te hace sentir vulnerable.

Pero nada de eso es intrínsecamente malo. Si lo piensas bien, la mayoría de las cosas nuevas, incluso las buenas, resultan un poco incómodas al principio. Las entrevistas de trabajo. Hacer amigos. Las primeras citas. Las nuevas aficiones. Tener una nueva mascota. Pero todo eso vale la pena y decides superar la incomodidad porque sabes que no siempre te sentirás así. Con el tiempo, mejora.

2. INCERTIDUMBRE

La psique humana está programada para desconfiar de lo nuevo. Lo desconocido puede ser una amenaza y es mejor prevenir que lamentar. Se trata de una respuesta subconsciente e instintiva. Un investigador sugiere que el miedo a lo desconocido es "fundamental" para los humanos.[11]

Este instinto es bueno. Ayuda a protegerte. Por ejemplo, yo tengo mucho cuidado con los alimentos que no puedo identificar. No como nada hasta que sé lo que es y de dónde viene, sobre todo si me lo ofrece uno de mis hijos. Aprendí por las malas que "cierra los ojos y abre la boca" pocas veces acaba bien.

El problema es que la gente que es radicalmente opuesta a ti puede parecer una amenaza a tu subconsciente tan solo porque es desconocida. A lo mejor resultan ser las personas más dulces e inteligentes con las que has tenido el placer de trabajar, pero la primera vez que intentas colaborar con ellas, tu cerebro se fija en su peinado, en su forma de comunicarse o en su personalidad; grita "¡Alerta! ¡Desconocido!" y llama al 112.

Dile a tu subconsciente que se relaje un poco. Es probable que no sean peligrosas. Solo diferentes. Si quieres recibir los regalos que se esconden en sus diferencias, tendrás que superar esa reacción y conectar la parte racional y cognitiva del cerebro.

Esa persona que hoy te pone nervioso puede acabar convirtiéndose en tu colega preferido al final del año. A lo mejor evita que cometas un error ridículo o tal vez te enseñe algo nuevo cuando trabajes con ella. Puede que tu mundo se amplíe. Quizá cuente unos chistes buenísimos o tenga un don para trabajar bien bajo presión. Tal vez sea amigo personal del contable del veterinario del perro del amigo del representante de Taylor Swift y pueda conseguirte entradas para su concierto cuando ya están agotadas.

No sabrás lo buenas o malas que son sus diferencias hasta que bajes la guardia lo suficiente como para dejarlas entrar, al menos un poco. Solo entonces podrás sustituir la incertidumbre por el conocimiento real.

No hay prisa. Puedes ser precavido y curioso, prudente y sincero. No son cualidades excluyentes. No hace falta que le muestres de inmediato dónde escondes la llave extra de tu casa, pero no des por sentado que es una amenaza solo porque ve de forma distinta el mundo o el proyecto en el que estáis trabajando.

Lo desconocido no tiene por qué ser sinónimo de sospechoso. Cuando el cerebro te empuje hacia el miedo, respóndele con curiosidad.

3. FALTA DE CONTROL

Como parte de su incansable campaña para mantenerte a salvo, al cerebro le gusta tener el control. Incluso aunque no seas un obsesivo declarado del control, es propio de la naturaleza humana querer reducir los riesgos controlando el entorno.

Sin embargo, las personas complicadas son difíciles de controlar. No las entiendes, por lo que no puedes predecir lo que van a hacer. Si no puedes predecir sus actos, no puedes prepararte ni protegerte de ellas. Son como balas perdidas que ponen en riesgo a todos los presentes.

Esos sí son problemas reales. Tu cerebro plantea algunos puntos muy válidos. Pero, repito, quizá esté exagerando un poco.

¿En serio son tan peligrosas como sugiere tu subconsciente controlador? Quizá no sean balas perdidas. Tal vez simplemente estén apuntando en direcciones distintas a la que tú lo hacías. Al principio dan miedo porque parecen descontroladas, pero si te esfuerzas lo suficiente es probable que comiences a desentrañarlas.

Además, ¿el control es la respuesta? Es más, ¿es ni siquiera posible? La respuesta a ambas preguntas es la misma: probablemente no.

Al igual que ocurre con el instinto humano de la desconfianza, a veces hay que anular el del control. Relájate un poco. Deja que las personas sean ellas mismas. No tienes que etiquetarlas ni juzgarlas. Tú no eres quién para decidir si gritan mucho o hablan demasiado bajito; si son demasiado fuertes, demasiado entrometidas o están demasiado a la defensiva. Quítate ese peso de encima.

La curiosidad es muy importante. Si alguien la despierta en ti, ya no te sientes la obligación de controlar. Puedes mirar hacia cualquier objetivo que esté apuntando con su arma y agradecer que vio algo que tú no.

No hay dos personas iguales, por lo que entender o controlar por completo a la gente es imposible. Si estás esperando a que eso ocurra antes de relajarte y disfrutar de tu equipo, puedes esperar sentado. Después de todo, parte de la belleza de la raza humana es nuestra singularidad. En lugar de ponerte nervioso cuando no puedes predecir ni controlar a las personas con las que trabajas, aprende a apreciar su compleja humanidad. Déjalas vivirla y expresarla con menos juicio y más asombro.

Estas tres características (incomodidad, incertidumbre y falta de control) son desencadenantes de una reacción de lucha o huida con las que la mayoría lidiamos con frecuencia. Préstales atención cuando aparezcan. No las odies, te mantienen a salvo. Solo recuerda que tal vez tengas que apaciguarlas en algún otro momento.

No dejes que la gente complicada te sorprenda. Vuelve a reflexionar sobre tus expectativas, transfórmalas hasta que se ajusten a la realidad y despierta tu curiosidad para anular tus reacciones de lucha o huida. Así no solo disfrutarás más del trabajo y te enfrentarás a menos dramas y traumas, sino que también te abrirás a los dones ocultos en las diferencias de los demás.

Esperar que las personas sean complicadas es un gran primer paso para tratar con aquellas que ocupan mucha de tu atención. Te pone en un mejor estado de ánimo para interactuar con ellas. Pero ¿eso es todo? ¿Debes resignarte a trabajar con personas que te vuelven loco?

En pocas palabras: no.

El siguiente paso para esperar lo complicado es reformularlo. Se trata de replantearse la historia que mencioné antes, aquella que te estás contando a ti mismo sobre los demás y sobre su complicada relación. De eso hablaremos ahora.

CAPÍTULO 4

MISMO PLANETA, MUNDOS DISTINTOS

Siempre que trabajo con equipos deportivos profesionales, me encanta hablar con los directivos y los entrenadores sobre sus plantillas. Me suelen hablar de los jugadores con un gran potencial, de cuáles son los líderes en el vestuario y, a veces, me cuentan quiénes los están volviendo locos.

Una vez, el entrenador de un equipo de la NBA mencionó a un jugador, al que llamaremos Michael, con quien era muy difícil tratar. Yo sabía de quién hablaba, porque Michael ya tenía una reputación dentro del mundo del deporte y con los medios de comunicación.

Un año después, durante mi investigación para este libro, volví a entrevistar al mismo entrenador. Le pregunté si había tenido algún jugador complicado, y la primera persona que le vino a la mente fue Michael. No me sorprendió, pero lo que dijo después, sí.

—Ahora me tiene totalmente enamorado.

—¿En serio?

—Sí. Superé mi inicial… lo que fuera. Es complicado, pero ahora siento que lo entiendo.

Me quedé sorprendido, y a la vez fascinado.

—¿Qué ha cambiado?

—Tuve que replantear nuestra relación con humildad y traté de entenderlo. ¿Qué piensa? ¿Qué lo motiva? ¿Por qué actúa así? Descubrí que sus intenciones son buenas. Él siempre va a tratar de hacer más por defecto, trabajar más, exigirse más e ir más rápido —respondió.

El entrenador siguió hablando durante cinco minutos más, desvelándome cómo tuvo que volver a evaluar su propio punto de vista. Esta es solo una parte de lo que dijo:

ES PROBABLE QUE DEJARA que parte de lo que se decía de Michael entrara en mi cabeza y eso no está bien. Si tienes una primera cita con una chica, ¿se te ocurre llamar primero a su ex? Te dirá que te va a volver loco, lo cual te dejaría la mente predispuesta para una primera cita. Sin embargo, eso es lo que ocurre cuando intercambias jugadores. Recibes un montón de información de varios sitios. Pero Michael ya no tiene diecinueve años, y tengo suerte de que a mí nadie me juzga por quién era yo a esa edad. Es parte de mi identidad, pero ya no soy esa persona. Uno crece y evoluciona. Me quedó bastante claro que parte del problema era que yo lo prejuzgaba y no trataba de comprender quién era él para poder sacarle el máximo partido. ¿Michael es perfecto? No, pero está en nuestro equipo; quiero ganar y quiero que él gane.

Michael parecía complicado en una conversación, pero en otra, mi amigo usó palabras que nunca olvidaré: "Me fue conquistando". En ese instante, me pregunté si yo les había dado a las personas complicadas en mi vida la oportunidad de hacer eso, irme conquistando. Estoy seguro de que tienes algunos compañeros de trabajo con los que no es agradable trabajar, pero puede suceder algo poderoso cuando permites que te conquisten.

Lo interesante es que salí de ahí con más respeto que nunca por este entrenador en particular, así como con una opinión totalmente distinta del jugador. El entrenador decidió descubrir cosas que el pasado, la narrativa y el estigma que rodeaban a este jugador habían enturbiado. Él sabía que había mucho más detrás de la historia de Michael y deseaba seguir investigando y leyendo, seguir creyendo.

Todo el mundo sabe que cada historia tiene dos versiones, pero muchas veces no queremos conocer la segunda. Vemos a las personas a través del sesgo de nuestras suposiciones, su reputación o nuestras frustraciones. En lugar de reconocer la belleza que surge al interactuar con el mundo de otra persona, lo tratamos como si fuera de otro planeta. Nuestras diferencias se convierten en herramientas para polarizarnos, condenarnos al ostracismo y deshumanizarnos.

Puede que vengamos de mundos distintos, pero compartimos el mismo planeta. Pertenecemos a la misma especie, a la raza humana. En lugar de permitir que nos dividan nuestras diferencias, tenemos que cambiar la narrativa en nuestra mente. Tenemos que contarnos una historia mejor, más generosa y precisa.

CUÉNTATE UNA HISTORIA MEJOR

Es difícil ver la otra cara de la historia de alguien, al pasar desapercibida porque no solemos planear la narrativa que nos contamos a nosotros mismos. En algún lugar muy dentro de cada uno, desarrollamos ciertos prejuicios hacia la gente, y hace falta un esfuerzo intencionado para desentrañarlos y descartarlos.

En nuestra encuesta nacional sobre trabajar con gente complicada, nos dimos cuenta de que las personas suelen tener una respuesta emocional y visceral hacia los compañeros complicados de su vida. Esto resultó obvio en sus respuestas a una de mis preguntas preferidas: "¿Cómo definirías a una persona complicada en el trabajo?".

Era una pregunta directa y abierta, y esperábamos definiciones relativamente neutras, pero muchas fueron todo menos eso. Eran muy tajantes y específicas. En sus respuestas puede percibirse lo frustrados y enfadados que estaban los encuestados.

Por ejemplo, una persona escribió: "Una jefa que se cree una diosa". Casi puedo imaginarme a quien escribió eso. Otro dijo: "Mi líder se llama Nate y es divertido y amable, pero carece de ética laboral". Otro escribió: "Una señora con la que trabajo, que se llama Leslie, es necia y anticuada". Un encuestado dijo: "Trabajo en Target, está lleno de gente complicada". Otro dijo: "Trato a diario con Hacienda. Todos son complicados". Unos más dijeron cosas como "cascarrabias", "maquiavélico", "un imbécil" y "son verdaderamente estúpidos".

Este tipo de respuestas ponen de manifiesto la enorme frecuencia con la que las personas a las que llamamos complicadas suscitan emociones fuertes. No importa si están justificadas o no, sino que las ideas preconcebidas y los sentimientos muy arraigados nos nublan el juicio. Nos impiden ser objetivos. Debemos tener la madurez suficiente para nombrar nuestras emociones y prejuicios, y la humildad de no dejar de preguntarnos si existe otra cara en esa historia.

Lo interesante es que, a pesar de que la pregunta pedía específicamente una definición, algunas personas mostraron una cantidad impresionante de autoconciencia y empatía en sus respuestas, que fueron como estas:

- **"Alguien que tiene dificultades que tal vez yo no conozca".**

- **"Mi jefa es grosera en el trabajo, pero amable fuera de él. Es madre de tres niños".**

- **"Alguien que ha tenido traumas en el pasado, probablemente en la infancia".**

- **"Todos cargamos un peso invisible. No sabemos cuánto cada día. Deja de ser tan duro con ellos".**

- **"Diría que son como un gusto adquirido, o tal vez como una pastilla difícil de tragar".**

Me encantaron esos comentarios. Detrás de ellos hay personas que no solo están lidiando con interacciones complicadas, sino que también están dispuestas a ver más allá de las emociones y la incomodidad para tratar de comprender mejor al otro. En lugar de limitarse a etiquetar y descartar a alguien, emplearon la empatía para tratar de comprenderlo un poco mejor.

En mi libro *Leveling Up: 12 Questions to Elevate Your Personal and Professional Development* hablo sobre el concepto de biomitografía, que se refiere a las historias que nos contamos sobre nosotros mismos. En ellas, lo habitual es que seamos los héroes, mientras que los demás son los personajes secundarios o los villanos. Entre tanto, las personas que nos rodean están haciendo lo mismo… pero ellos son los héroes de su historia y nosotros los personajes secundarios o los villanos.

¿Por qué lo hacemos? Porque todos nos vemos a nosotros mismos como héroes. Si nuestra situación o nuestro comportamiento contradice dicha autopercepción, buscamos formas de aliviar la presión, de hacer frente a la disonancia cognitiva. Muchas veces eso implica reescribir las historias de los demás o llenar los huecos con nuestras propias suposiciones para que nuestro estatus de héroe permanezca intacto.

En los libros y las películas existe una técnica llamada "narrador sospechoso", que consiste en que la historia se cuenta desde la mirada de alguien que puede o no estar contando la verdad. Puede tratarse de un alcohólico, alguien con una enfermedad mental o ser un auténtico villano, pero como son ellos quienes narran la historia, el lector es quien debe adivinar qué es verdad y qué ficción.

Cuando nos contamos historias sobre los compañeros de trabajo complicados, a veces somos narradores sospechosos. Al fin y al cabo, somos el guionista, el narrador y el protagonista. Es natural que veamos el mundo a través de un filtro teñido por nosotros mismos. Pero esas historias no pueden ofrecer una visión completa, ya que se cuentan y perciben desde nuestro punto de vista.

Uno de mis libros favoritos es *The Stories We Tell Ourselves,* del doctor Scott Gornto, un especialista en terapia familiar. Sostiene que la calidad de nuestra vida y nuestras relaciones están condicionadas de forma directa y profunda por las conversaciones internas que tenemos con nosotros mismos. Aunque dichas conversaciones suelen contener elementos de verdad, también suelen estar sesgadas a nuestro favor:

GRAN PARTE DEL DOLOR en las relaciones se remonta a las historias que nos contamos a nosotros mismos... Cuando podemos comenzar a escuchar nuestro monólogo interno e identificar la irracionalidad de las historias que creamos, podemos ser mucho más proactivos sobre la forma en la que estas afectan a nuestras relaciones y las infectan. Con el tiempo, aprender a diferenciar entre la ficción de nuestra mente y la verdad de nuestras relaciones nos provocará menos ansiedad y más paz, menos preocupaciones y más confianza, menos relaciones rotas y más vínculos positivos.[12]

La buena noticia es que, con frecuencia, podemos mejorar nuestra relación con las personas más complicadas cambiando la narrativa que tenemos en la cabeza. No se trata de jugar con la mente, sino de tener perspectiva. La forma en que ves las cosas influye enormemente en tu relación con ellas, y los compañeros de trabajo difíciles no son una excepción. Lo mejor de esta herramienta es que está por completo bajo tu control. No es necesario que ellos cambien para que tu experiencia mejore.

En su libro *Más fuerte que nunca,* la doctora Brené Brown, investigadora y autora de best sellers, habla de la "hipótesis de la generosidad", que describe de la siguiente forma: "¿Cuál es la suposición más generosa que puedes hacer sobre las intenciones de esta persona o de lo que dijo?".[13] Se trata de otorgarle el beneficio de la duda. Significa sacar las mejores conclusiones en lugar de las peores. La doctora Brown añade que, aunque la generosidad no debe dar carta blanca a la gente, puede ser eficaz y liberadora cuando se combina con una comprensión sana de la integridad y los límites.

Cuando tengas que colaborar con personas complicadas, intenta empezar con una hipótesis de generosidad. Quizá ese mal humor en su respuesta no ha tenido nada que ver contigo, solo están cansadas. Tal vez su pésima actitud sea resultado de un problema personal que las agobia. Tal vez su irresponsabilidad se deba, al menos en parte, a ignorancia o falta de experiencia, y no a una cuestión de carácter. Piensa en los motivos por los que su comportamiento es complicado y trata de imaginar una historia en la que no sean los supervillanos.

Nuestra respuesta automática, sobre todo cuando nos sentimos amenazados de algún modo, suele ser la contraria: saltamos enseguida a una hipótesis de maldad. Da miedo la rapidez y la sutileza con la que "me saca de quicio" puede transformarse en "es una persona espantosa". La primera afirmación es una declaración de tu experiencia, algo que es válido y valioso, pero la segunda es un juicio de valor... y eso está fuera de tus atribuciones. Quizá sea terrible o quizá no. No debes ignorar el hecho de que tu percepción puede ser parte del problema. Tal vez tu narrativa interna haya saboteado tu relación externa. Debes tener eso siempre muy presente en pro de la honestidad y la madurez.

Es alguien que te resulta difícil a ti. Es complicada para ti. Tu opinión sobre ella es subjetiva, porque no existe ningún estándar internacional para personas difíciles ni ninguna balanza objetiva para separar a los héroes de los villanos. Al fin y al cabo es probable que todos seamos un poco de ambos.

A menudo descubro que las personas que me parecen más complicadas son precisamente con las que tengo menos en común. Chocamos por nuestras prioridades, preferencias, personalidades o puntos de vista. No es que ninguno sea un ser humano terrible, solo vemos las cosas de forma distinta y esas diferencias nos hacen sentir más separados de lo que realmente estamos. Pero ¿qué pasaría si nos esforzáramos por ampliar un poco nuestro horizonte para conectar y colaborar con un mayor abanico de personas? ¿Y si contáramos historias mejores y más detalladas sobre los "personajes secundarios" que trabajan a nuestro lado, sobre todo teniendo en cuenta que en su historia interna ellos son los protagonistas y nosotros parte del reparto?

Cuando alguien te parezca complicado, no te limites a colocarle la etiqueta de "demasiado complicado" y seguir caminando. Mejor recuerda que tú los percibes así, pero tu percepción puede ser subjetiva y —me atrevería a decir— poco fiable. Piensa en ellos con las manos y la mente abiertas, y muéstrate dispuesto a cambiar de opinión a medida que los vayas conociendo mejor. Eso es lo que quieres de los demás y eso es lo que ellos quieren de ti.

A donde quiero llegar es que etiquetar a alguien como difícil, frustrante o problemático es una decisión que tomas tú. Dicen que la belleza está en los ojos de quien la mira...; ocurre lo mismo con lo complicado.

Lo bueno de tus historias y percepciones es que puedes cambiarlas. Si puedes definir a alguien como complicado, también puedes elegir no hacerlo. Puedes trabajar desde una hipótesis de generosidad en lugar de una de maldad.

¿Qué pasaría si probaras con una etiqueta distinta, una que diera un giro positivo a sus peculiaridades en lugar de uno negativo?

¿SON? o ¿SON?

combativas	sinceras
indecisas	analíticas
ruidosas	apasionadas
desorganizadas	creativas
débiles	atentas
orgullosas	seguras
groseras	directas
hurañas	solitarias
anticuadas	experimen-tadas
raras	brillantes

A fin de cuentas, puede que hagan eso con sus propias peculiaridades cuando se miran al espejo. Y es lo que esperas que hagan los demás cuando tus complicaciones les molestan. Intenta replantearte esas cosas como si fueran comportamientos de héroes y observa cómo cambia tu perspectiva sobre ellas.

Recuerda también que pueden existir dos verdades al mismo tiempo. Quizá sean muy opuestas. Permite que te vayan conquistando para que se conviertan en algo más que: "Sí, son complicadas".

Pero ¿no nos ocurre eso a todos? Nuestras fortalezas pueden convertirse en debilidades de vez en cuando, pero siguen siendo fortalezas.

No hay puntos fuertes sin su lado negativo ni puntos débiles sin su lado positivo. Por eso precisamente necesitamos equipos diversos: para cuidarnos unos a otros, compartir las cargas y recibir los dones de los demás.

Aprende a interpretar las diferencias entre las personas en función de lo que aportan al equipo, en lugar de lo que le quitan. Si son los más ruidosos, los más reflexivos, los más agresivos, los más necios o los más miedosos del grupo, valora lo que eso aporta a la dinámica del equipo.

Y, por cierto, fomenta el crecimiento. La gente puede cambiar, como el jugador de baloncesto que mencioné antes. No podemos seguir manteniéndonos prisioneros de una versión pasada de los demás.

Una cita famosa de Maya Angelou dice así: "Cuando alguien te muestra quién es, créele la primera vez". Yo opino que eso es válido y sensato a la hora de no dejar que abusen o se aprovechen de ti, pero el énfasis de esa afirmación está en quiénes son ahora. No lo utilices como arma para cancelar a las personas para toda la vida.

De hecho, ¿acaso no has cambiado tú en estos últimos cinco años? ¿Y si alguien te mantuviera prisionero de quien eras cuando te graduaste, cuando empezaste en el trabajo o cuando estabas tratando de descubrir una nueva tecnología? Tal vez conozcas a alguien que era complicado hace cinco años, pero desde entonces ha estado trabajando en sí mismo. Quizá tengas que actualizar la Wikipedia que tienes sobre esa persona, al igual que te gustaría que ella actualizara la información que tiene sobre ti.

Si quieres mejorar tu capacidad para colaborar con colegas complicados, trata de usar el poder de la narrativa para replantearte tu relación con mayor generosidad. No solucionará sus defectos, pero te ayudará a fijarte en sus puntos fuertes. Ese es el poder de contarte a ti mismo una historia mejor: te permite ver lo mejor de cada persona y colaborar eficazmente con (casi) cualquiera.

BUSCA LO COMPLICADO

En cuanto te cuentas una historia más amable y positiva sobre las personas que te rodean, suele ocurrir algo extraño. Empiezas a querer que formen parte de tu vida y de tu equipo. Ya mencioné que un motivo por el que necesitas aprender a trabajar con personas complicadas es por lo que aportan a tu vida, y a eso me refiero con esto.

Sin embargo, no se trata de forzar una amistad una vez que tienes clara tu historia. No estás haciendo tu mundo más diverso porque tengas que hacerlo. Al contrario, te das cuenta de lo mucho que ganas invitando a tu mundo a personas con personalidades, visiones del mundo y experiencias radicalmente distintas. Vas en busca de lo complicado.

En 1891, un joven llamado William Wrigley Jr. se mudó a Chicago con 32 dólares y el sueño de hacer fortuna en los negocios. Empezó vendiendo jabón. Para animar a la gente a comprar su producto, regalaba bicarbonato de sodio con cada compra. El bicarbonato resultó ser más popular entre sus clientes que el jabón. Así que dio un giro y empezó a vender bicarbonato. Esta vez, como incentivo para comprar su producto, regalaba chicles. Pronto se dio cuenta de que el chicle era más popular que el bicarbonato, así que empezó a vender un tipo de chicle que mezclaba con jugo de hojas de menta.

Así nació el chicle Wrigley's. En la actualidad, Wrigley Company es una empresa mundial con más de una docena de marcas de chicle —entre las que se encuentra el clásico Doublemint— a la venta en más de ciento cuarenta países.[14, 15]

Está claro que William Wrigley Jr. sabía escuchar a sus clientes, pero también sabía escuchar a las personas que contrató y aprender de ellas.

En una entrevista para el artículo de una revista titulado "Un buen trabajo no se pierde por tener carácter" (me encanta ese título), Wrigley dijo que él prefería a los empleados "con carácter" que desafiaran sus ideas y que cuando creyeran que estaba equivocado se lo dijeran. Expuso lo siguiente:

UNA DE LAS MAYORES PLAGAS en los negocios es el calco humano, ese que siempre dice: "Sí, señor Wrigley, tiene toda la razón". Mientras que lo que quiere decir es: "Haga lo que quiera, viejo carcamal, ¡a mí qué más me da!". Los negocios los construyen personas a las que les importa, les importa lo suficiente para disentir, luchar hasta el final, con información. Cuando dos personas siempre están de acuerdo, una de ellas es innecesaria.[16]

Esa última frase es especialmente profunda. Si dos personas piensan siempre lo mismo, responden lo mismo, sueñan lo mismo, diseñan lo mismo y trabajan igual… son redundantes. No suman nada el uno al otro, salvo un par de manos extra.

Un par de manos extra está bien, pero un cerebro extra es aún mejor.

Sin embargo, el problema con los cerebros es que piensan por sí solos. Así como te lo cuento. Tienen sus propias opiniones y formas de hacer las cosas. Sus propios objetivos, miedos, emociones y lógica.

Si eres como yo, es posible que a veces te gustaría clonarte para poder hacer más con menos esfuerzo. A fin de cuentas, un clon no te sacaría de tu ritmo. No pelearías con un clon. No estarías en desacuerdo con un clon. No tendrías que enseñarle tres veces lo mismo a un clon. Ninguno de los dos silbaría en el trabajo, no masticaría con la boca abierta ni llegaría tarde o cualquier otra cosa que pusiera nervioso al otro. Trabajarían en perfecta armonía, sin peleas y todos contentos. Suena increíble, ¿verdad?

No.

Una asociación entre clones se traduciría en una trayectoria eficiente y sin complicaciones que iría directa a un precipicio de mediocridad. Disfrutarían y perderían juntos. Tanto tú como tu clon sin complicaciones cometerían los mismos errores. Caerían en las mismas estafas. Tomarían las mismas decisiones equivocadas. Tendrían el mismo conjunto de habilidades limitadas y los mismos vacíos de conocimiento y experiencia.

Claro que sería más sencillo trabajar con un clon, pero ¿sencillo es sinónimo de mejor? Es una pregunta retórica, pero la responderé de todos modos. No, no lo es.

NECESITAMOS PERSONAS QUE

sepan cosas
que nosotros
nunca aprendimos

hayan fracasado
en cosas que nosotros
nunca intentamos

se cuestionen
lo que nosotros
aceptamos

superen retos
a los que
nosotros
nunca nos
enfrentamos

valoren lo
que nosotros
pasamos
por alto

recuerden
lo que nosotros
olvidamos

vean una
oportunidad donde
nosotros vemos
un obstáculo

Y ELLAS NOS NECESITAN EXACTAMENTE
POR LAS MISMAS RAZONES.

Tú y yo siempre necesitaremos gente que sea diferente a nosotros, porque ningún ser humano contiene la suma total del conocimiento, la experiencia y el talento del universo.

Por supuesto, es más fácil decirlo que hacerlo. Es tan noble y maduro afirmar: "Las personas diferentes son un regalo. Tú las necesitas y ellas a ti. Ve a abrazar a una persona complicada". Pero cuando hay que pasar de las palabras a los hechos y se convierte en un conflicto, puede resultar muy difícil ver el lado positivo de las diferencias. Tendrías que desafiar tu propio impulso para simplificarlo, evitar la incomodidad y tener el control.

Las investigaciones sobre los motivos por los que nos llevamos mejor con unas personas que con otras apuntan a que "tendemos a juntarnos con gente cuyo cerebro funciona como el nuestro".[17] Solemos congeniar con quienes procesan la información y los acontecimientos de forma similar a la nuestra. Vemos a través de una óptica similar. Nos resulta más "natural" acercarnos a aquellos que se parecen, piensan, hablan y se comportan como nosotros.

En el fondo, conectamos con personas que son como nosotros. Nos compenetramos. Nos llevamos bien. Nos entendemos. Tenemos el mismo sentido del humor. Cada oveja con su pareja, y con sus cerebros también.

Aunque esto puede ser positivo para entablar una amistad, puede ser negativo a la hora de crear una empresa, como comprendió el señor Wrigley. Si quieres crear un producto o servicio que atraiga a una amplia variedad de personas, tienes que incluir una amplia variedad de ideas en su creación. La diversidad no puede ser una ocurrencia tardía. Es fundamental para la invención y la innovación.

Las personas complicadas no son valiosas a pesar de sus diferencias, sino precisamente por ellas. Hay que dejar a un lado lo molesta y desagradable que nos parece su personalidad y apreciar lo que aporta. No basta con permanecer imperturbable e indiferente. Eso es evasión. Hay que buscar activamente a algunas de estas personas y tal vez tengas que incluirlas en tu equipo.

Las diferencias, la diversidad y los desacuerdos te protegen. Enriquecen tu mundo. Desatan el tipo de sinergia y creatividad que propicia innovaciones revolucionarias y empresas que cambian el mundo. Pensamos que queremos las cosas sencillas. Pero esta es muchas veces la trampa en la que caemos, mientras que lo complicado es el regalo que necesitamos.

Identificar qué diferencias son decisivas, cuáles son molestas pero tolerables y cuáles son realmente beneficiosas no suele ser evidente al principio. Hay que trabajar en ello.

La buena noticia es que este esfuerzo te hace mejor. Te ayuda a adaptarte y ampliar tu mundo.

Eso es un regalo, amigo mío.

Un mundo más diverso y conectado es muchísimo más valioso que tener por fin tu bandeja de entrada sin ningún mensaje sin leer, alcanzar todos los indicadores clave de rendimiento o lograr mantenerse por debajo del presupuesto. Todo eso es valioso, pero son métricas superficiales del éxito. Lo que de verdad importa es lo bien que puedes incorporar a otras personas a tu vida. Sobre todo a las complicadas.

Sin embargo, esto es más que un simple conjunto de acciones y que una lista de pendientes. Es una mentalidad. Una visión. Una forma de pensar.

Yo lo llamo mentalidad colaborativa, y es lo que abordaremos a continuación.

CAPÍTULO 5

LA COLABORACIÓN ES UNA MENTALIDAD

Como orgulloso y ferviente coleccionista de deportivas, me encanta estar al tanto de las noticias sobre el calzado. Leo blogs, sigo cuentas en las redes sociales, escucho pódcast y busco distribuidores por internet. Conozco a los diseñadores, a los artistas y su historia.

Muchas veces, las deportivas más modernas y codiciadas no las fabrica una sola empresa, sino que son una colaboración. El rapero Travis Scott y Nike, por ejemplo, se asociaron para reinventar los Air Force 1, Air Jordan 1 y muchas más. Por lo general, estas deportivas alcanzan precios de reventa altísimos porque a la gente le encantan.

Lo que tiene de especial este tipo de colaboración es que une dos marcas que combinan lo mejor de cada una. Trabajan juntas para producir algo que ninguna de las dos podría haber hecho por separado.

En una colaboración, los artistas no dejan de ser ellos mismos. No crean un nuevo nombre que borra sus identidades. No ponen a alguien al mando y a los demás a obedecer todos sus caprichos. Sin perder la esencia de lo que les hace únicos, dos fuerzas potentes y creativas fusionan sus voces y talentos para crear algo nuevo.

Se puede generar una dinámica parecida cuando se trabaja con personas complicadas. Comienza por adoptar una forma colaborativa de plantear tu conexión: una mentalidad de colaboración.

Una mentalidad es una forma de pensar específica. Es un prisma con el que ves el mundo. Merriam-Webster la define como "una inclinación o actitud mental".[18] El psicólogo Gary Klein escribe: "Una mentalidad es una creencia que orienta la forma en la que gestionamos las situaciones, la forma en la que resolvemos lo que está ocurriendo y lo que debemos hacer. Nuestra mentalidad nos ayuda a identificar oportunidades, pero también puede atraparnos en ciclos de autodestrucción".[19]

¿Y si vieras tu trabajo menos como un grupo de personas tirando, empujando y luchando unos contra otros y más como una colaboración? ¿Y si te preguntaras qué podríais crear juntos? ¿Cómo podría cada uno aportar su esencia, voz y puntos de vista en esa interacción para construir algo que sea una mezcla de todos?

El resultado podría ser hermoso.

Sí, es un poco caótico, ambiguo y arriesgado. Tanto el proceso como el producto serían distintos a lo que esperarías o preferirías. Pero tal vez su contribución complicada es justo lo que necesitas para pasar a un nivel superior.

Antes mencioné que en nuestra investigación exploramos las situaciones problemáticas y las consecuencias negativas de trabajar con personas complicadas. También hicimos preguntas centrándonos en los resultados positivos que podrían derivar de una colaboración más eficaz. Queríamos que soñaran, que se imaginaran un lugar de trabajo donde no tuvieran que ignorar el conflicto y fingir una sonrisa cuando una persona complicada les dificulta las cosas.

Cuando les pedimos que eligieran tres aspectos que mejorarían en su trabajo si pudieran relacionarse de forma más eficaz con las personas complicadas, la satisfacción laboral estaba en lo más alto de la lista con un 44 %. Le seguían muy de cerca un aumento de la productividad y el estado de ánimo con un 40 %.[20] Otros resultados fueron mejor comunicación, mejor retención de empleados, mejora de la salud mental, mayor compromiso, más concentración, mayor confianza en la empresa y más innovación.

Si hicieras tu propia lista de deseos, probablemente sería parecida. El problema es que tendemos a perder de vista las recompensas de las buenas colaboraciones porque hay entre una y cinco personas que nos están volviendo locos o arruinando nuestros planes. No podemos ver el bosque por culpa de los árboles complicados.

Haz una pausa y piensa en qué pasaría si adoptaras de manera intencionada una forma de pensar que te sacara de los ciclos de frustración y desesperanza que provoca la gente con la que trabajas. ¿Y si pudieras empezar el día con la emoción de crear algo en lugar de estar nervioso por los posibles conflictos? ¿Y si pudieras elegir la colaboración sobre la competición, la confianza sobre la sospecha, la comunicación sobre el control o la interacción sobre la imposición? ¿Y si te adaptas a la personalidad de la otra persona, a su paso y preferencias, y tratas de encontrar formas de fusionarlos con los tuyos en lugar de convertirlos en puntos conflictivos que los alejan a ambos?

Cambiar tu mentalidad es lo que marca toda la diferencia. Recuerda que no puedes transformar a nadie, pero sí cómo lo percibes. Esa es la manera en la que lo tratarás.

Para comprender esta mentalidad, analicemos cuatro elementos de una colaboración sana.

1. **EL AUTOCONOCIMIENTO PREGUNTA:**
   "¿Cómo es estar al otro lado?".

2. **LA RESPONSABILIDAD PREGUNTA:**
   "¿Qué papel desempeño yo?".

3. **LA CURIOSIDAD PREGUNTA:**
   "¿Qué se siente al ser tú?".

4. **LA CONEXIÓN PREGUNTA:**
   "¿Qué es lo que nos une?".

———

Estas preguntas son importantes independientemente del tipo de persona con la que estés trabajando, pero lo son muchísimo más cuando tratas con las complicadas. Por desgracia, también es cuando cuesta más trabajo recordarlas.

I. AUTOCONOCIMIENTO: ¿CÓMO ES ESTAR AL OTRO LADO?

En mis conferencias me gusta compartir una historia sobre una increíble conversación de diez minutos que tuve con Kobe Bryant, miembro del Salón de la Fama del baloncesto. Al terminar mi discurso, cuando me pongo a hablar con el público suelen tener más preguntas sobre el tema: "¿Cómo era Kobe?", "¿Era agresivo?", "¿Era intenso?", "¿Trató de jugar contigo un uno contra uno?".

Me he acostumbrado a oír las mismas preguntas. Pero una vez, después de un discurso en Iowa, un líder me preguntó algo nuevo:

—Ryan, cuando conociste a Kobe, ¿tenía prisa? Imagino que al interactuar con alguien tan ocupado como él percibirías que tenía prisa.

La pregunta me pilló por sorpresa, pero mi respuesta fue sencilla y sincera.

—No, para nada. Estuvo extremadamente presente.

Es irónico, pero el hombre que me hizo esa pregunta me había alcanzado en la calle mientras esperaba mi Uber. Así que la persona que preguntó si Kobe tenía prisa… tenía prisa de verdad.

Ese momento me hizo recordar las interacciones que he tenido con personas de todo el mundo. Me pregunté cuántas de ellas habrán sentido que tenía prisa cuando estaban junto a mí. Me di cuenta de que empezaban a hablar más deprisa cuando me bajaba del escenario para charlar. Parecían sentir que estaban frente a un cronómetro y que el tiempo se agotaba.

Era un punto ciego que obstaculizaba mi conexión con la gente. Tras una buena dosis de autorreflexión y honestidad brutal, decidí que en cada interacción —incluso cuando tuviera prisa— intentaría detenerme para mirar a esa persona a los ojos y permitirles (tanto a ellos como a mí) respirar hondo.

En realidad, la autoconciencia consiste en preguntarse cómo es para los demás estar conmigo. Puede definirse como "la capacidad de tomarse a uno mismo como objeto de atención y reflexión".[21] Describe tu habilidad para distanciarte de ti mismo para conocerte mejor.

No esperes mejorar en el trabajo con gente complicada si no estás dispuesto a comprender mejor a la persona que está frente al espejo.

Cuando adquieres conciencia de ti mismo, pones atención a cómo te muestras en cada situación. Esto va más allá de lo que dices o haces. Incluye las creencias más arraigadas, los traumas y las victorias del pasado que conforman tu estructura emocional, tu visión del mundo, tu educación, tu sistema de valores y mucho más. También encierra cosas tan sencillas como reconocer que estás agotado, estresado, hambriento o cansado. Los niños pequeños tienen muy poca conciencia de sí mismos, obviamente, pero a veces incluso los adultos harían bien en ser como ellos y tomarse un descanso para la siesta o la merienda.

El autoconocimiento es esencial porque te involucras en cada interacción que tienes con personas complicadas. Eres el común denominador. Esto no te convierte en "el problema", pero sí te hace parte de la solución, y esas son buenas noticias. Aprender a reflexionar sobre cómo te comportas en las relaciones complicadas es como desbloquear un nivel secreto o adquirir un poder especial.

De hecho, decir que alguien es complicado dice tanto de ti como de esa persona. No en el mal sentido, sino en uno informativo si lo usas como punto de partida para profundizar en ti mismo. Tu reacción ante las personas que suponen un desafío y son difíciles puede ayudarte a identificar cosas como:

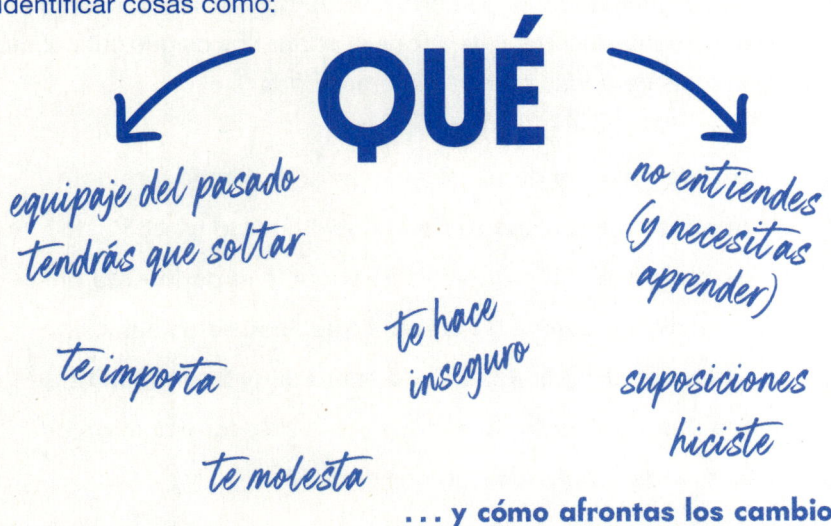

QUÉ

equipaje del pasado tendrás que soltar

no entiendes (y necesitas aprender)

te importa

te hace inseguro

suposiciones hiciste

te molesta

. . . y cómo afrontas los cambios.

Si una persona complicada te ayuda a comprender mejor algunas de estas cosas, te está dando un regalo. Es un obsequio escondido dentro de un embalaje incómodo, sí, pero si eres capaz de pasar más allá de la caja en la que viene, ese conocimiento de ti mismo te ayudará a mejorar muchas áreas de tu vida, incluso la forma en la que te muestras a tus amistades y tu familia.

Cuando te conoces a ti mismo es más fácil conocer a los demás. Es difícil enfrentarse a los problemas de otra persona si no eres consciente de los propios. A pesar de ello, es lo que solemos intentar, porque es más fácil criticar que hacer introspección. Así que, antes de juzgar a esa persona complicada que está al fondo de la sala, empieza a conocer al ente complicado que está frente al espejo.

Lo interesante es que no solo percibimos a los demás con mayor claridad cuando nos ocupamos primero de nosotros mismos, sino que también los vemos con más compasión. Con frecuencia, cuando terminamos de reflexionar sobre nuestros problemas, nos damos cuenta de que la otra persona al menos tendrá algunos menos graves. Hay cosas que se pueden pasar por alto. Otras pueden perdonarse y otras incluso se pueden aceptar.

Una de las situaciones que pueden convertirnos en complicados es nuestro poder dentro de la empresa. Si desempeñamos un papel de liderazgo, ya sea formal o informal, el autoconocimiento cobra relevancia. Es demasiado fácil dejar que el poder nos ciegue ante cómo perciben otras personas nuestras interacciones.

Por ejemplo, un detalle interesante que salió a relucir en nuestra encuesta fue que casi la mitad (el 48 %) de los directivos dice que con frecuencia experimenta una resolución positiva a los retos que supone trabajar con personas complicadas. Esto suena muy bien… hasta que nos damos cuenta de que los jefes solo informan de un 36 % y los empleados de un triste 27 %.

Ahora bien, es posible que estos líderes sean muy hábiles para resolver conflictos y crear equipos. Tal vez ese es el motivo por el que están donde están.

O... tal vez concluyan las interacciones difíciles diciendo: "¡Resuelto! ¡Lo solucioné! Salió bien", mientras que aquellos con menos poder tienen una opinión totalmente distinta.

Ambas opciones son posibles, por eso el autoconocimiento es importante.

Los líderes que no consideran lo que pueden estar pensando o sintiendo sus seguidores pueden acabar juzgando mal las victorias y las derrotas, y sobreestimar sus habilidades de liderazgo. Si estás en esta posición, el autoconocimiento implica que te hagas la siguiente pregunta: "¿Mi equipo está tan satisfecho, seguro y unido como creo o más bien aprendieron a decir lo que tienen que decir para no quedarse sin trabajo?".

> **Es curioso: los hombres presentaron una tasa de resolución del 35 % en cuanto a los retos que supone trabajar con personas complicadas, mientras que la proporción fue significativamente inferior en las mujeres, solo el 28 %. Dudo que eso signifique que ellas sean malas por naturaleza en las interacciones sociales (los datos de otros estudios parecen indicar lo contrario),[22] sino más bien que tienden a enfrentarse a más obstáculos que los hombres en su búsqueda de soluciones.**

En mi condición de hombre en el mundo laboral, debería replantearme si lo que llamo "complicado" está marcado por los estereotipos de género y si respondo de la misma manera a las mujeres que a los hombres. Me gustaría creer que sí... pero no puedo asegurarlo.

Tú tampoco.

La edad también influye. Nos sorprendió descubrir que los encuestados entre dieciocho y veintinueve años fueron los que informaron de mayor satisfacción (un 40 %, que sigue sin ser una cifra alta). Este porcentaje disminuye progresivamente con cada grupo de edad, hasta llegar a los trabajadores de sesenta a sesenta y cinco años, cuya tasa de satisfacción apenas alcanza un alarmante 14 %. A mayor edad, menor es la sensación de que sus problemas estén siendo resueltos.

Además de los roles, el género y la edad, otros factores también influyeron en si las personas sentían que se resolvían sus problemas relacionados con la gente complicada. Encontramos diferencias significativas entre sectores, niveles de educación, creencias políticas y religiosas, entre otros.

Muy bien, entonces, ¿qué significa todo esto para ti? Que debes conocerte a ti mismo; es una práctica constante. Debes preguntarte con regularidad: "¿Soy tan eficaz como creo a la hora de tratar con personas complicadas o los demás se van con una opinión completamente diferente de lo que acaba de pasar?".

¿Cómo es para los demás estar contigo?

Si puedes responder a esa pregunta con sinceridad y humildad, habrás avanzado un buen trecho para mejorar la colaboración con otros.

2. ASUMIR RESPONSABILIDAD: ¿CUÁL ES MI ROL?

Tengo dos hijos pequeños cuya relación es… complicada. Se adoran, pero también pelean y se gritan mucho, sobre todo cuando estoy tratando de trabajar en mi oficina al final del pasillo.

Por supuesto, cada vez que los oigo pelear sobre algo y trato de ayudarlos a resolverlo, ambos actúan como si fueran la víctima. Siempre es "su" culpa. Como padre, sé que hacen falta dos niños para crear este tipo de desorden. Pero mientras se señalen el uno al otro, jamás van a resolver el problema y, lo que es más importante, nunca aprenderán ni crecerán.

Algo parecido ocurre en muchos conflictos en el trabajo. Sin importar quién sea la persona complicada con la que estés tratando, al menos parte de la responsabilidad de tus experiencias dentro de tu jornada laboral y tus relaciones interpersonales recae sobre ti.

Eso es bueno. Significa que puedes mejorar la situación —aunque sea muy poco— si asumes tu papel en la situación.

Tal vez sea verdad que "ha empezado él", por citar una de las frases favoritas de mis hijos, pero eres tú quien decide cómo responder. No puedes controlar las acciones de la otra persona, pero sí tus reacciones. No hace falta que lo compliques todo aún más con una reacción exagerada.

Asumir responsabilidad consiste en identificar qué es lo que realmente puedes cambiar. ¿Qué está bajo tu control y qué no? ¿Cuál es tu responsabilidad aquí y ahora?

Si crees que no puedes cambiar, aprender ni arreglar nada, tu situación actual no puede mejorar. Eres prisionero de las decisiones de los demás.

Pero es una prisión que tú mismo has creado.

Siempre puedes hacer algo, solo tienes que empezar por ti. La pregunta que debes hacerte en cualquier relación compleja y confusa es: "¿Cuál es mi rol?".

El autor y pastor Steven Furtick tiene el siguiente mantra: "Solo me bloqueo cuando me detengo".[23] Sin menospreciar tu dolor, quiero animarte a que no te estanques. Sí, te enfrentas a un obstáculo, pero solo te bloquearás si decides detenerte, porque ese es el momento en el que renuncias a tu autonomía.

¿Hay algo, cualquier cosa, por pequeña que sea, que podrías hacer? Eso es asumir la responsabilidad. Es estar dispuesto a seguir adelante y seguir intentándolo, aunque tú estés dando el 98 % y la otra persona solo el 2 %. Trabajar con gente complicada no es justo ni divertido. La otra persona debería cambiar, y lo haría en un mundo perfecto, pero este es complicado. Así que, aunque no logres que la colaboración sea perfecta, ¿crees que puedes al menos mejorarla?

Ahora bien, como ya mencioné, una colaboración no implica que tengas que cambiar tanto como para perder tu esencia. Este libro no se titula *Cómo ser un camaleón cuando te encuentras con personas complicadas*. No tienes que cambiar por dentro, ponerte una máscara ni llegar a extremos ridículos solo para satisfacer los caprichos de personas volubles, frustrantes o inmaduras.

Lo que planteo es que cuando te centras en lo que puedes controlar, te sientes más optimista y creativo.

Ante personas complicadas, pregúntate:

¿CUÁL ES MI RESPONSABILIDAD?

Luego, hazte una pregunta más:

¿ESTOY ASUMIENDO ESA RESPONSABILIDAD DE LA MEJOR MANERA POSIBLE?

3. CURIOSIDAD: ¿QUÉ SE SIENTE AL SER TÚ?

Te haré una pregunta que, en mi opinión, puede ayudarte a comprender a todas las personas complicadas con las que trabajas. Puedes hacerte la siguiente pregunta sobre ellas, o si el momento es el adecuado y te sientes con el valor suficiente, puedes preguntarles directamente:

¿Qué se siente al ser tú?

Con esta pregunta estás tendiendo un puente y cruzando hacia su mundo. En lugar de quedarte en tu cabeza, te estás metiendo en la de otra persona.

Es fácil hacer juicios precipitados sobre las motivaciones o intenciones de alguien basándose en impresiones superficiales, pero cuando te adentras en lo que significa ser esa persona y tratas de comprenderla de verdad, creas un entorno en el que el trabajo es un poco menos complicado y la dinámica en equipo puede prosperar. La curiosidad siempre es mejor respuesta que la frustración, así que recurre a esta pregunta a la primera señal de conflicto o confusión. Por ejemplo:

- **Me pregunto cómo fue para ti pasar por el proceso de contratación.**

- **Tengo curiosidad por saber cómo te sientes al ser el único miembro de nuestro equipo que trabaja desde casa.**

- **Me pregunto con qué presiones y expectativas adicionales tienes que lidiar por ser la única mujer en el comité.**

- **Me encantaría saber cómo concilias tu vida laboral y familiar con las exigencias de este trabajo.**

- **Me imagino la presión que puedes sentir al ser el jefe más joven en la empresa.**

- **Dado el ritmo vertiginoso de nuestro sector, quisiera saber cómo es tener que adaptarse constantemente a las nuevas tecnologías.**

De este modo se humaniza a las personas. Si las reduces a una etiqueta, si dices que son demasiado difíciles de tratar, demasiado necias, diferentes, raras, mayores o jóvenes, que están demasiado ancladas en sus costumbres o que tienen una mentalidad demasiado anticuada o moderna, se frena el aprendizaje y el crecimiento, se cortan las conexiones y se les excluye.

¿Qué se siente al ser tú? es una pregunta peligrosa. Puede despertar la compasión o fortalecer la relación. Puede empujarte a estudiar y aprender, o incluso hacer que todo sea más complicado, pero en el buen sentido, porque revelará la humanidad de esa persona y así será más difícil juzgarla y descartarla.

Lo que descubrí es que las personas son menos complicadas cuanto más las conoces. Les encuentras más matices, pero las ves menos difíciles. Hay una diferencia entre esas palabras, y puede ser la diferencia entre acercarse a alguien o alejarlo.

Cuanto más entiendes las capas que forman a alguien, más fácil es ver más allá de su mal humor y valorar lo que se esconde detrás. Las primeras impresiones nunca cuentan toda la historia. Detrás de su mal humor, su perfeccionismo, su barrera del idioma o su molesta costumbre de ver vídeos de YouTube a todo volumen se esconde una persona compleja y llena de matices.

Es una estrategia y un rasgo que puede calmar las situaciones tensas y desarmar a la gente combativa. Te acercará a la otra persona, no te alejará de ella. Les ayudará a encontrarse a mitad del camino, y no a cavar trincheras y morir en colinas opuestas.

La curiosidad es un superpoder que está al alcance de cualquiera.

LA CURIOSIDAD ES UN SUPERPODER QUE ESTÁ AL ALCANCE DE CUALQUIERA.

La curiosidad te ayudará a entender mejor a la persona, y eso puede cambiarlo todo. Por ejemplo, una vez un ejecutivo me contó que le estaba yendo mal últimamente a uno de sus mejores directivos de ventas, así que habló con él y se enteró de que su mujer lo acababa de abandonar y se había llevado a los niños. Saber eso cambió la forma en la que este ejecutivo veía a su empleado.

Sentir curiosidad por la gente es una parte de la curiosidad por el mundo que nos rodea, un rasgo que todos deberíamos tener. Sigue aprendiendo, creciendo y buscando en Google. Sigue preguntándole a ChatGPT. Acostúmbrate a la realidad de tu ignorancia. Aprende a decir cosas como "no sé", "¿y tú qué opinas?", "¿qué es lo que no entiendo?" o "ayúdame a entender tu punto de vista".

Piensa en el cerebro como si fuera una biblioteca. Cuanto más conocimiento tenga almacenado, más podrás extraer para conectar con los demás. Lee libros, escucha pódcast, haz cursos en línea, ve documentales o acude a congresos. Sal a tomar café con alguien y registra lo que están aprendiendo. Te sorprenderá lo que escuchas cuando le preguntas a la gente qué ha aprendido últimamente. Aumenta tu conocimiento y mejorarás tus conexiones.

Tengo dos advertencias que hacer al respecto. La primera: nadie puede entender del todo sus propias complejidades, lo que significa que tampoco debemos ser arrogantes y asumir que conocemos a los demás. Haz todo lo posible por entender el punto de vista de los otros, pero no te cierres en tus conclusiones. Debes estar dispuesto a cambiarlas una y otra vez conforme vayas conociendo mejor a la otra persona.

La segunda: no tienes que decidir si todo lo relacionado con la otra persona está "bien" o "mal". Obviamente, sí puedes (y debes) identificar el comportamiento abusivo o ilegal, pero no tienes que juzgar cada rareza, cualidad y característica que te encuentres. Deja que la gente hable fuerte sin decir que habla "demasiado fuerte". Deja que sean espontáneos sin llamarles "demasiado espontáneos". Déjalos ser callados, prudentes, ruidosos, preocupados, detallistas, informales o lo que quiera que sean sin dar por sentado que lo son en exceso. Muchas veces, la palabra "demasiado" significa que se desvían de tus expectativas y no de la norma universal.

Por supuesto, cabe la posibilidad de que crean que tú eres "demasiado…", pero en la dirección opuesta.

Todo el mundo tiene sus cosas, incluidos tú y yo. Todos somos un proyecto que necesita mejoras. ¿Prefieres estar resentido con los demás o esforzarte por entenderlos? ¿Vas a juzgarlos o prefieres escucharlos, aprender y construir puentes para llegar a ellos?

La próxima vez que te enfrentes a alguien y sientas que tu temperatura interna está alcanzando su punto de ebullición, intenta preguntarle: "¿Qué se siente al ser tú?".

DESPUÉS DEJA QUE TU CURIOSIDAD TE GUÍE.

4. CONEXIÓN: ¿QUÉ ES LO QUE NOS UNE?

El componente final de una mentalidad de colaboración es la *conexión*. El autoconocimiento, la asunción de la responsabilidad y la curiosidad están destinadas a traerte hasta aquí, al lugar en el que estableces una relación laboral productiva y constructiva con alguien que, de otro modo, habrías evitado por completo.

Aquí es donde surge la magia.

Las conexiones entre las personas son como las chispas de electricidad que saltan entre dos neuronas en el cerebro. Este órgano es una maravilla de la ingeniería. Tiene unos 86.000 millones de neuronas. Cada una tiene múltiples conexiones con otras; pueden ser con unas pocas, cientos o hasta miles.[24] Y, aun así, todo es supereficiente, ya que usa menos energía que una bombilla.[25]

Sin las chispas no hay magia. No hay movimiento, solo un montón de neuronas relajadas unas junto a otras sin hacer nada.

¿Y si viéramos nuestro lugar de trabajo no como una colección inconexa de personas cualesquiera, sino como un cerebro interconectado? ¿Si nos diéramos cuenta de que las chispas que vuelan entre nosotros son lo que materializan las cosas, y de que la frecuencia y la calidad de nuestras conexiones son lo que convierte una sala llena de personas en un equipo imparable?

El problema es que solemos restar importancia a las conexiones y centrarnos mucho en las personas. Damos por sentado que la gente de nuestro equipo tiene que mejorar o que tenemos que conseguir profesionales más eficientes para obtener mejores resultados… o ambas opciones. Pero ¿y si la respuesta no está solo en mejorar a las personas, sino también en mejorar las conexiones entre ellas?

Resulta que la investigación demuestra que estas conexiones son vitales; de hecho, estas pueden ser tan importantes como la inteligencia de cada una o incluso más.

En 2010, unos investigadores llevaron a cabo dos estudios para ver si podían descubrir un factor de "inteligencia colectiva" que permitiera predecir qué grupos tenderían a rendir mejor sin importar la tarea que se les encomendara. En otras palabras, ¿los equipos pueden ser "inteligentes"? ¿Se puede crear un grupo que sea capaz de abordar una serie de trabajos y consiga buenos resultados de forma sistemática? Y, en caso de que sea así, ¿qué factores hacen que un equipo sea más inteligente que otro?

Llegaron a la conclusión de que los equipos, de hecho, pueden tener una inteligencia colectiva, a la que llamaron "factor c".[26] También llegaron a otras conclusiones interesantes sobre qué hace que un equipo sea inteligente.

Primero diré lo que no descubrieron: "Muchos de los factores que cabría esperar que predijeran el rendimiento del grupo —como la cohesión, la motivación y la satisfacción— no lo hicieron".

Eso no quiere decir que estos aspectos no sean importantes. Claro que uno quiere equipos unidos, motivados y satisfechos, pero esos no fueron los factores específicos que marcaban una diferencia consistente y cuantificable en el nivel de inteligencia que mostró un equipo en particular.

La cosa se pone aún más interesante. Los investigadores concluyeron que "este 'factor c' no está estrechamente correlacionado con la inteligencia individual media o máxima de los miembros del grupo". Descubrieron que la inteligencia media y la máxima estaban ligeramente correlacionadas, pero su conexión no era muy fuerte.

¿Cómo se puede explicar eso a los que no tenemos un doctorado? Quiere decir que no importaba mucho si uno o más miembros del equipo eran o no excepcionalmente inteligentes. Aunque estos factores ayudaron un poco, no fueron decisivos para el equipo ni tampoco muy útiles para predecir su rendimiento en las distintas tareas.

De acuerdo con la sabiduría popular, si juntas a las mentes más brillantes en una sala, te estás preparando para el éxito. Tendrán las ideas más brillantes, las mejores soluciones y los mejores resultados. Pero estos estudios no respaldaron esa suposición.

Lo que descubrieron los investigadores es aún más fascinante. De los distintos factores que analizaron, llegaron a la conclusión de que la inteligencia colectiva de los equipos del estudio se relacionaba con tres cosas: "la sensibilidad social media de los miembros del grupo, la igualdad en la distribución de los turnos de conversación y la proporción de mujeres en el grupo".

En otras palabras, según estos estudios, la inteligencia de tu grupo está determinada por:

el grado *de sensibilidad social de los miembros de tu equipo, es decir, su capacidad para interpretar y responder a las pautas sociales de los demás;*

si *todo el mundo tiene oportunidad de hablar, lo que parece una cuestión de educación básica, pero que, con frecuencia, deja de ocurrir en entornos grupales; y*

si *hay muchas mujeres en el equipo.*

A partir de análisis posteriores llegaron a la conclusión de que el factor de género se debía, ante todo, al hecho de que las mujeres puntuaban más alto que los hombres en el área de sensibilidad social, y que este era el más importante de entre los tres factores.

¿Ves cómo estos resultados apuntan a la conexión? La capacidad de un equipo para entenderse, escucharse y hablar como seres humanos civilizados es fundamental para su "inteligencia" (y, por si no te has dado cuenta, las mujeres suelen ser mejores en eso que los hombres, lo cual es una de las muchas razones por las que necesitamos equipos diversos).

"Es fundamental incluir a las personas adecuadas", como solemos decir. Pero, además, tienen que poder llevarse bien. Deben ser capaces de conectar y colaborar. Si no pueden, es que no son las personas adecuadas. La capacidad de crear y mantener conexiones de gran calidad es el ingrediente secreto que lleva a los equipos a un nivel superior. Creo que el éxito, muchas veces, no se basa tanto en superhéroes, sino en sinergia. No se basa tanto en las partes, sino en el todo.

Así que, por supuesto, intenta reunir a personas increíbles en un equipo, pero invierte la misma energía en asegurarte de que sepan cómo llevarse bien y trabajar juntas. Tienen que funcionar como un cerebro, con múltiples sinapsis disparándose por todas partes, trabajando por un objetivo común. Tienen que ser capaces de comunicarse y colaborar, de interactuar e interrelacionarse, de vibrar y desahogarse en conjunto, de vibrar y armonizar como un solo ente.

¿Qué significa esto en tu cruzada para colaborar con personas complicadas? Significa que, en lugar de obsesionarte o hiperventilar con las rarezas de la gente, céntrate en dónde y cómo puedes conectar. Pregunta qué los une, dónde coinciden y dónde se comprometen. Después esfuérzate por consolidar esas conexiones.

En su libro *Flock Not Clock*, los autores e investigadores Derek y Laura Cabrera sostienen que las empresas son sistemas complejos que siempre se están adaptando y se comportan más como una bandada de pájaros o un banco de peces que como organismos predecibles y controlables. Como vivimos y trabajamos en un mundo en constante cambio conformado por partes en continuo movimiento, lo que más importa es lo bien que la gente es capaz de permanecer conectada a los demás en esta loca danza llamada humanidad. Según estos escritores: "Las personas con la mayor cantidad de relaciones de alta calidad son las más conectadas y, por tanto, las más influyentes en el sistema".[27]

La conexión es la moneda de cambio en el trabajo. Los organigramas no siempre cuentan toda la historia, porque el poder radica en las personas más aptas para establecer y mantener relaciones con los demás, incluso las que son totalmente distintas a ellas (o lo que es lo mismo, "las complicadas"). Estas personas quizá no estén en la oficina principal ni tengan un título o un sueldo adecuados, pero tienen influencia. Tienen encanto. La gente las busca, las escucha y las sigue. ¿Por qué? Porque invierten en la creación de conexiones con la gente, y estas son lo que más importa.

En un mundo que funciona a base de conexiones, busca aquello que te una con los demás. Invierte en mejorar la calidad y la cantidad de tus interacciones. Claro que a veces es desordenado y caótico, pero te hará más valioso, eficaz y seguro.

Debería ser obvio que estos cuatro elementos de una mentalidad de colaboración (el autoconocimiento, la responsabilidad, la curiosidad y la conexión) no son destinos a los que se llega. Son más bien los vehículos que conduces para llegar a donde quieres ir: la colaboración.

Todo esto de la colaboración con personas complicadas es una obra en construcción, porque los humanos en sí son una obra en construcción, y tanto tú como yo somos muy, pero muy humanos. Eso significa que debes seguir haciéndote estas mismas cuatro preguntas cada vez que puedas, en cualquier situación en la que te encuentres, sea quien sea la persona con la que estés tratando o lo complicada que sea:

- **"¿Cómo es estar al otro lado?" (autoconocimiento)**

- **"¿Cuál es mi rol?" (responsabilidad)**

- **"¿Qué se siente al ser tú?" (curiosidad)**

- **"¿Qué es lo que nos une?" (conexión)**

Tanto si eres un rapero que diseña unas deportivas con Nike o un jefe que quiere cumplir sus metas del final del trimestre, una mentalidad de colaboración es la clave para trabajar bien con otras personas.

Es lo que te permite construir puentes en lugar de barreras y acercar a la gente en lugar de alejarla.

Construir puentes es el arte del que vamos a hablar a continuación. Para salvar las distancias que nos separan de colegas complicados y establecer las conexiones que son tan vitales para la colaboración, necesitamos perfeccionar cinco habilidades específicas.

En conjunto, yo las llamo los cocientes personales clave.

CAPÍTULO 6

LOS COCIENTES PERSONALES

He hecho muchas pruebas de personalidad a lo largo de mi carrera. Soy un comandante según el indicador Myers-Briggs. Según el DISC, soy del tipo "I". Soy el color rojo según el código de colores de Taylor Hartman. Soy un número 3 en el eneagrama. Según mis resultados en StrengthsFinder, mis fortalezas son la comunicación, el mando, la armonía, la capacidad de adaptación y la generación de ideas. Y de acuerdo con algunos de esos aleatorios y curiosos cuestionarios en línea, si yo fuera un personaje de Marvel sería la Pantera Negra, y mi casa de Hogwarts sería Gryffindor.

Sin embargo, la personalidad solo es una parte de quien somos. Se complica aún más cuando añades a la mezcla otros conceptos que se utilizan para describir a la gente: cosas como los tipos de inteligencia, los estilos de aprendizaje, los lenguajes del amor y las variantes de apego. Resulta aún más vertiginoso cuando se tiene en cuenta toda una vida de experiencias únicas que han ido moldeando de manera distinta a cada uno.

En cuanto empiezas a mezclar y correlacionar las distintas formas de clasificar a las personas, te das cuenta de que existe una combinación infinita de seres humanos caminando por el mundo. No solo nuestras huellas dactilares son únicas, sino también todo lo demás. No hay dos humanos iguales.

Aun así, de algún modo, se supone que debemos ser capaces de trabajar con todo el mundo.

Eso es un poco aterrador porque muchas veces no tenemos ni voz ni voto respecto a con quiénes trabajamos. Tenemos que aguantar a cualquiera que las autoridades competentes nos hayan asignado a nuestra dinámica laboral. Sin embargo, nuestra productividad, prosperidad y cordura dependen de que sepamos cómo trabajar con estos fenómenos (y recuerda que al menos un par de ellos están pensando lo mismo de ti).

Como las personas con las que trabajas son infinitamente complejas, tienes que saber cómo lidiar con cada una en particular en tiempo real. No puedes memorizar cuatro tipos de DISC o veintisiete combinaciones del eneagrama y dar por sentado que así tienes un conocimiento absoluto de toda la humanidad. Hay que indagar más profundo.

Para trabajar de forma eficaz con la gente, sobre todo con las personas complicadas, necesitas convertirte en alguien sociable.

No quiero decir que tengas que volverte extrovertido. No hace falta que organices fiestas ni karaokes. Relájate. Yo también soy introvertido, comparto tu dolor cada vez que llegan las vacaciones. Cuando llega el 2 de enero, no quiero volver a socializar al menos hasta la primavera.

Me refiero a que debes convertirte en alguien que estudie al ser humano, un experto en ellos. Alguien receptivo y en constante crecimiento, que siente curiosidad por los matices y sabores de la humanidad, en lugar de sentirse intimidado por ellos.

No puedes meter a la gente en cajitas que siempre predecirán su comportamiento, pero sí puedes acercarte a comprenderlas si te esfuerzas un poco. Muchas veces, eso es lo único que necesitas para que tu relación laboral sea dinámica: acercarte.

En este capítulo hablaré de cinco "cocientes personales", que son métricas o habilidades que te acercarán a las personas con las que trabajas. El "cociente" se hizo famoso gracias al abuelo de todos ellos: el CI, o cociente intelectual, que trata de medir y clasificar la inteligencia humana. Desde que surgió el CI hace más de cien años han aparecido muchos otros cocientes clave para evaluar distintas competencias.

Sin embargo, recuerda que queremos saber cómo colaborar con todo el mundo, en especial, con quienes son quisquillosos, gruñones y caprichosos. Por eso los llamo cocientes personales clave y los identifico más como conexiones que como simples competencias. Quiero averiguar cómo puedes mejorar el uso de estos conceptos para construir puentes que lleguen a (casi) cualquier persona.

Empecemos por la métrica original, esa que la gente siempre odia (a menos que saquen una puntuación alta, porque en ese caso consideran que es lo único importante). Estoy hablando, por supuesto, del CI.

I. CONEXIÓN CI: CONOCIMIENTO E INTELIGENCIA

No hace mucho me invitaron a dar una charla en una convención de peluquería y maquillaje. Ochocientos expertos en estos temas iban a escuchar a un tipo sin maquillaje y con el pelo corto en el discurso de apertura.

Fue… complicado. No porque nadie fuera malo o maquiavélico, sino porque no tenía muchos conocimientos sobre esos temas y necesitaba construir un puente.

Claro que mi labor no era darles consejos sobre acondicionadores o *contouring*. Fui a hablar sobre el fracaso y el éxito, y esos son temas universales. Pero yo sabía que ganarme su confianza sería una ardua batalla porque no hablaba su idioma.

Así que me dediqué a investigar sobre peinados y maquillaje para no llegar como un novato total. Aprendí lo que es un corte *bob*, un flequillo, un corte rebajado y un despuntado. Leí sobre planchas para el cabello, rizadores y todo tipo de cepillos que puedas imaginar. Añadí a mi vocabulario palabras como difuminado, *baking* e iluminado.

No fue mucho, pero sí suficiente para hacer un par de bromas, mencionar algunos puntos débiles y, en general, tender un puente de vocabulario y conocimientos compartidos. También me abrió una ventana a su mundo. Me di cuenta de que mi respeto por su profesión crecía con cada dato que aprendía.

Me habitué a investigar nuevos "idiomas" porque he descubierto que la ignorancia socava la conexión y la credibilidad; eso arruina la comunicación. Así que, hoy por hoy, hablo muchos idiomas. No con fluidez, pero lo suficiente para relacionarme con eficacia. Hablo de fútbol americano, aunque nunca he he hecho un placaje a nadie y me aterra que me golpee un jugador de 140 kilos. Hablo de coches, aunque nunca he purgado un radiador (ni siquiera sé qué significa eso) ni tengo ganas de intentarlo. Hablo de religión, operaciones tecnológicas, agricultura, finanzas, ventas y atención sanitaria. Hablo como los *boomers* y como la generación Z. Hablo como los ejecutivos, como los empleados, como los empresarios y como los emprendedores independientes.

Decido hacerlo porque mi conexión depende de ello.

Y la tuya también.

Si quieres trabajar de forma eficaz con las personas complicadas, tendrás que volverte multilingüe. Deberás cruzar la brecha del conocimiento usando el kilo y medio más importante de tu cuerpo: esos 86.000 millones de neuronas que componen tu cerebro. A eso le llamo la conexión CI.

Dudo que otro cociente clave de nuestra lista haya sido tan estudiado y criticado como el CI. No es solo porque exista desde hace mucho tiempo, sino porque los cuestionarios de CI son muy limitados en cuanto a lo que pueden medir. Básicamente te dicen lo bueno que eres para reconocer patrones con el pensamiento lógico y otras capacidades cognitivas relacionadas, en comparación con los demás… y eso es todo. Que eso se traduzca en éxito en el mundo real depende de muchos otros factores.

Howard Gardner es un célebre psicólogo y experto en educación que es más conocido por su teoría de las inteligencias múltiples. Gardner cree que existen al menos ocho "inteligencias" o formas de ser listo, y los cuestionarios de CI solo abordan dos de ellas. En una entrevista para Big Think, declaró que "está muy bien tener inteligencia lingüística o lógico-matemática porque la mayoría de las pruebas se centran en eso. Y si tienes buenos resultados en esas pruebas, mientras sigas estudiando, creerás que eres listo. Pero si alguna vez sales a Broadway, a una autopista, al bosque o a una granja descubrirás que hay otras inteligencias que son igual de importantes".[28]

Es probable que pasaras por algo así en la secundaria. Los *nerds* eran listos en las cuestiones del cerebro. Los atletas, en lo deportivo. Los populares, en materia social. Otros niños eran listos en música, arte, tecnología, ciencias, naturaleza o emociones.

La gente es lista y lo sabe. En una encuesta de Estados Unidos, el 65 % de los encuestados estaba de acuerdo con la afirmación "soy más inteligente que la media".[29] O, lo que es lo mismo, casi dos terceras partes creen que sus cerebros son más listos. Pero eso no es posible. ¿O sí?

Al principio, me reí de esa estadística, pero luego me puse a pensar. Sospecho que ese 65 % estaba valorando su propio tipo específico de inteligencia. Eso es válido, en mi humilde opinión. Para mí, la conexión c_i incluye todas las formas de "inteligencia", aunque no aparezcan en una prueba de c_i medio.

Sin embargo, la pregunta que hay que hacerse no es si eres listo o no (sí lo eres), o de qué manera eres listo (con suerte, ya lo sabes). La pregunta correcta es:

¿Puedes usar tus inteligencias para conectar con otras personas, sobre todo con las complicadas?

¿Comprendes su mundo? ¿Puedes hablar su idioma? ¿Puedes valorar su forma de ser inteligentes? ¿Estás esforzándote por aprender lo que tienes que saber para colaborar mejor? ¿Eres curioso, estudias, estás progresando? ¿Puedes hacer de la información y el entendimiento un punto de conexión?

Por desgracia, muchas personas no están dispuestas a usar su cerebro para hacer conexiones. Saben lo que saben y piensan que con eso les basta.

Eso no significa que su c_i sea bajo. Pueden ser brillantes pero su conexión c_i es baja. No están usando el cerebro para construir puentes. Están satisfechas con quedarse en sus islotes de conocimiento, aisladas y alienadas por una falta de conexión mental.

Así, la conexión c_i se trata de usar tu inteligencia —sea del tipo que sea— para colaborar con mayor eficacia con las personas que te rodean. Para mejorarla debes tomar la iniciativa de cruzar la brecha del conocimiento.

Un amigo me contó que hace años sus dos hijos estaban pasando por una etapa en la que peleaban mucho, sobre todo porque la más pequeña ya tenía la edad para saber lo que quería y valerse por sí misma, mientras que su hermano mayor, ya en secundaria, no estaba acostumbrado a eso. El hermano le contó a su papá lo frustrado que estaba porque su hermana era "siempre tan cabezota y poco razonable".

Mi amigo le contestó: "Eres un chico listo. Deja de enfadarte con ella y averigua cómo tratarla".

Vio cómo se encendía la bombilla en el cerebro de su hijo. Al parecer, nunca había pensado en usar habilidades de negociación con su hermana, así que empezó a buscar formas de que ambos salieran ganando, en lugar de pedirle que hiciera lo que él quería. Las peleas disminuyeron y la colaboración aumentó. Ese relato me dio esperanza con mis dos hijos, ambos menores de diez años y carentes de habilidades de negociación en ese momento.

Esta habilidad no sirve solo para la rivalidad entre hermanos; sirve para la vida. Eres una persona inteligente. No te enfades, te frustres ni pierdas la esperanza. Piensa en estrategias de conexión para que todo el mundo salga ganando y motiva a la gente en lugar de regañarla.

Si formas parte de ese 65 % más inteligente que la media, demuéstralo conectando con personas que piensan de forma distinta a ti. No te limites a quejarte de su falta de conocimientos, terquedad o falta de sensatez. Emplea el cerebro para construir un puente. Aprende su idioma en lugar de exigir que los demás aprendan el tuyo.

Cuando empieces a tender puentes de conocimiento, busca ámbitos en los que conectes. Nunca serás exactamente igual que nadie, pero al menos compartirás algo en común. Tal vez sean bastantes cosas si indagas lo suficiente.

En lugar de fijarte en la desconexión, céntrate en los puntos en los que tus sueños, talentos, conocimientos, relaciones o incluso aficiones se cruzan con los suyos. Empieza por ahí. Construye lazos de relación y confianza, y después avanza hacia territorios más desconocidos o incómodos.

2. CONEXIÓN CE: EMOCIONES Y SENTIMIENTOS

Ahora pasemos a tu conexión con el CE, que se refiere a tu cociente emocional. ¿Hasta qué punto eres consciente de las emociones que sientes tú y los que te rodean? ¿En qué medida sabes gestionarlas?[30]

Esto no es solo para los empáticos sensibleros que lloran con los anuncios de tarjetas de felicitación. Todos tenemos emociones, y a menudo una conexión emocional con alguien puede ser mucho más poderosa que una intelectual.

Las emociones engloban una amplia gama de experiencias humanas. Los psicólogos han tratado de enumerarlas, definirlas y clasificarlas, pero no son fáciles de organizar. Están las obvias, como la felicidad, la tristeza, el amor, la ira y el miedo, pero solo son la punta del iceberg emocional. Piensa en:

nostalgia	**soledad**
gratitud	**confianza**
vulnerabilidad	**asombro**
curiosidad	**humillación**
frustración	**preocupación**
conmoción	**compasión**
envidia	**confusión**
solidaridad	**desesperación**
decepción	**melancolía**
desprecio	**alivio**
valentía	**vergüenza**
esperanza	**anticipación**
amargura	**satisfacción**
pánico	**vergüenza**
culpa	**terror**
orgullo	**… por nombrar solo algunas.**

No es difícil ver lo importante que es la inteligencia emocional a la hora de tratar con personas complicadas. Las emociones son las que hacen que nos hierva la sangre, que nos sintamos frustrados, enfadados, resentidos, desesperados y deprimidos. Si vamos a colaborar con ellas de forma eficaz, tenemos que ser mejores a la hora de identificar lo que está ocurriendo en el plano emocional y tenerlo bajo control.

Una de las personas que entrevisté para este libro es la directora general de un club de *fitness*. Mencionó que los clientes suelen llegar acelerados gracias a las bebidas preentreno y con prisa por empezar su rutina. Están listos para levantar, perseguir o golpear lo que sea. Si se encuentran con un pequeño contratiempo, como un problema con su membresía, pueden pasar de la tranquilidad absoluta al enfado total en dos segundos. Luego se ensañan con cualquier empleado que los esté ayudando. La directora me dijo que tuvo que sentarse en su oficina muchas veces con los nuevos empleados y orientarlos en el proceso de gestionar sus propias emociones después de que un adicto al gimnasio, sobreestimulado por la cafeína, lo pusiera en su lugar.

Piensa en todos los niveles de inteligencia emocional que entran en juego en este caso. Primero, tienes al cliente del gimnasio. Está fuera de control por un asunto relativamente menor, pero no se da cuenta de lo dramático que está siendo en ese momento. El problema es lo más importante de su vida en ese momento, porque su ritmo cardiaco se ha visto acelerado artificialmente por una poción misteriosa que se ha tomado de camino al gimnasio. Claro que necesitan más CE, pero ni siquiera están pensando en ello.

Luego está el empleado, al que le pagan por convertir la experiencia del entrenamiento en algo positivo… pero que también tiene su propia vida y emociones. No desconectan sus sentimientos cuando se ponen el uniforme. Ya se enfrentan a su parte de locura en su vida privada, además, tienen que ser el saco de boxeo emocional de otra persona. Eso no es fácil para nadie.

Por último, está la directora. Tiene la nada envidiable tarea de tranquilizar a sus clientes y, al mismo tiempo, mantener cuerdos y sonrientes a sus empleados. Ah, sí, y tiene que hacer todo esto mientras gestiona sus propias emociones, porque los jefes también son personas.

¡ES COMPLICADO!

PERO NO ES IMPOSIBLE. Y, DE HECHO, ES IMPRESCINDIBLE.

Tenemos que aprender a poner las emociones en su debido lugar. Ni más ni menos. Estas le dan sabor a la vida, pero no la dirigen. Influyen en nuestras decisiones, pero no las toman por nosotros. A veces lo olvidamos y, en nombre de "validar nuestros sentimientos", acabamos cediéndoles el control. Eso no es más saludable que reprimirlos.

Por otro lado, aunque las emociones no deben estar al volante, tampoco merecen quedarse encerradas en el maletero, así que pásalas al asiento del copiloto. Son un poco como tu pareja o tu media naranja: divertidas en un viaje por carretera, y útiles, picantes y con tendencia a reaccionar de forma exagerada cuando creen que no ves las luces de freno del coche de delante. Escúchalas, pero no tanto como para entrar en pánico y acabar en la cuneta.

Si no controlas tus emociones, ellas te controlarán a ti, normalmente en el peor momento posible. Haz lo que tengas que hacer para mejorar en este aspecto. Acude a terapia. Descarga una aplicación de meditación. Duerme más por la noche. Ten barritas de cereales en tu escritorio para que tu nivel de azúcar en la sangre no baje demasiado. Haz lo que sea necesario para desarrollar tu inteligencia emocional y utilízala para conectar con otras personas, en especial con aquellas que tienden a desencadenar esas emociones más rápido: las complicadas.

La buena noticia es que, aunque las emociones mal gestionadas pueden destruir una relación, si se gestionan correctamente pueden fortalecerla.

ESE ES EL PODER DE LA CONEXIÓN CE.

- **Si logras entender el dolor, el miedo o la herida detrás de las acciones de una persona, podrás relacionarte con ella de forma más reflexiva.**

- **Si evitas que tus emociones se desencadenen con facilidad, las posibles ofensas no te afectarán y así pasarás a la colaboración.**

- **Si puedes ser consciente de las fluctuaciones emocionales durante un proyecto estresante, sabrás cuándo tomarte un descanso y cuándo ser indulgente con los demás.**

- **Si eres capaz de escuchar sin juzgar cuando alguien se desahoga, te ganarás su confianza para ayudarle a seguir adelante cuando termine de expresarse.**

Las emociones son una parte normal del ser humano, lo que significa que también deberían serlo cuando trabajas en equipo. En general, las emociones intentan decirte algo y debes escucharlas. No te apresures a juzgarte o condenarte a ti mismo o a otro solo porque haya mucha tensión. En lugar de eso, acércate, valida las emociones de los demás (así como las propias) y averigua lo que puedas.

Cuando la gente expresa sus emociones, aunque lo haga mal, te está ofreciendo un punto de conexión. Solo tienes que comprender lo que están sintiendo. ¿Tienen miedo del cambio? En lugar de desestimar su preocupación, escúchalos y tómatelo en serio. ¿Están inseguros sobre sus funciones? Asegúrales que sus aportes son valiosos para el equipo.

Incluso puedes interrumpir la conversación o la reunión y abordar el tema emocional: "Es evidente que este tema suscita sentimientos encontrados. ¿Por qué no nos detenemos un momento y hablamos de los motivos?". De inmediato, la conversación irá más allá de lo que estén discutiendo y empezarán a profundizar en los miedos, el dolor, los sueños y los valores.

Lo maravilloso es que si pueden superar juntos esas conversaciones y emociones, lo normal es que salgan más unidos que nunca, enlazados por experiencias y vulnerabilidades compartidas.

No ignores, difames, resientas ni te dejes avasallar por las emociones. En lugar de eso, identifícalas, gestiónalas y utilízalas para tender puentes humanos incluso con las personas más complicadas.

3. CONEXIÓN CA: CAMBIO Y ADAPTABILIDAD

El tercer cociente, el de adaptabilidad, puede describirse como "la capacidad de una persona de adaptarse al cambio en tiempo real".[31] Se trata de la capacidad para desenvolverse en el mundo en constante cambio y con frecuencia caótico donde vivimos y trabajamos. Aunque el concepto de cociente de adaptabilidad no está tan extendido ni se ha estudiado tanto como el CI y el CE, es una forma útil de visualizar la idea de cómo afrontar el cambio.

- **¿Estás dispuesto a adaptar tus expectativas y estrategias?**

- **¿Puedes reaccionar rápido cuando algo no funciona?**

- **¿Eres capaz de mantener la cabeza fría en tiempos de ambigüedad o inestabilidad?**

- **¿Puedes experimentar y corregir cuando sea necesario?**

Quizá todos conocemos a alguien a quien esto le resulta complicado. Cuando los planes no salen bien, entran en pánico. Cuando se enfrentan a la ambigüedad, se paralizan. Cuando la respuesta es incierta, se estresan y angustian. Cuando llega el cambio, gastan la mayor parte de su energía lamentándose por los viejos tiempos en lugar de abrazar el presente.

Si somos sinceros, tal vez nosotros mismos hayamos reaccionado así unas cuantas veces. Es parte de la naturaleza humana ser cauteloso ante el cambio, por no decir que nos resistimos a él. Es fácil ser tan reacio al riesgo que terminamos rechazando los cambios, y esas son dos cosas opuestas.

Uno de los directivos que entrevisté, del sector de seguros, mencionó lo que él llamaba personas NOPO. La sigla viene de Negativas, Obstinadas, Pesimistas y Opuestas a todo. Son aquellos que, sin importar cuál es el plan, la idea o el cambio… ya de entrada saben que es malo. Ni siquiera necesitan oírlo para decidirse.

Yo no soy una persona NOPO, pero sí he tenido algún momento NOPO. He reaccionado de esa manera en ciertas situaciones y no me gustó. No quiero pensar, actuar ni hablar así. No surge nada bueno de las actitudes crónicamente negativas y una mentalidad pesimista nunca lleva a resultados positivos.

Debemos ser capaces de adaptarnos, en tiempo real, sobre la marcha. Una, y otra y otra vez.

"En un mundo en constante cambio, el botín es para los más rápidos", escriben los asesores empresariales Martin Reeves y Mike Deimler en su artículo "Adaptabilidad: la nueva ventaja competitiva", para la *Harvard Business Review.* Señalan que vivimos en una época de riesgo e inestabilidad, lo que significa que las estrategias tradicionales, como la planificación a largo plazo y las jerarquías de poder estrictas, no tienen por qué funcionar. Afirman que "los principios tradicionales de la estrategia, aunque suelen considerarse la respuesta al cambio y la incertidumbre, parten en realidad de la base de un mundo relativamente estable y predecible". Argumentan que "en lugar de ser excelentes a la hora de hacer algo determinado, las empresas deben ser excelentes a la hora de aprender cómo hacer cosas nuevas".[32]

En otras palabras, la adaptabilidad es una habilidad que será muy útil en un mundo en transformación, tanto para las personas como para las empresas.

La importancia de un CA adecuado debería ser evidente cuando se trabaja con personas complicadas. En tu cruzada para trabajar de una manera más eficaz con personas que son distintas a ti, vas a tener que dar un giro para experimentar, aprender, cambiar y crecer.

Si tienes una alta conexión CA significa que puedes tender una mayor cantidad de puentes de mayor calidad, porque no te limitas a "un solo tipo" de personas y no necesitas que todos cumplan tus expectativas antes de empezar a trabajar juntos.

Esto tiene un límite. No estoy sugiriendo que te doblegues para adaptarte a cualquier capricho o lamento de un colega complicado. No estás tratando de ser:

- **Una persona débil incapaz de defender nada**

- **Un camaleón que cambia constantemente su comportamiento con tal de encajar**

- **Un manipulador que finge ser otra persona solo para conseguir lo que quiere**

- **Un mentiroso que le dice a la gente lo que quiere oír**

- **Una víctima que permite el abuso o el acoso con tal de cumplir con su trabajo**

Estás tratando de ser un compañero de equipo eficaz. Para lograrlo, debes tener suficientes habilidades y conocimientos para trabajar con una amplia gama de personas. Debes ser lo suficientemente listo y rápido para adaptarte sobre la marcha cuando alguien cometa un error o necesite ayuda. Debes tener tu ego bajo control para ajustar algunas de tus preferencias o hábitos con el fin de encajar mejor con quienes te rodean. La adaptabilidad no es una señal de debilidad, sino de madurez.

¿Qué aspecto tiene una conexión CA en la vida real? Todo depende de los vacíos que necesites rellenar.

Conoces a tu equipo. ¿Alguno tiene problemas con la tecnología? Quizá tengas que explicar algo con más detalle. ¿Hay alguien que siempre llegue tarde a la oficina? Considera la posibilidad de programar las reuniones importantes a las nueve en lugar de a las ocho, por si acaso. ¿Sabes de alguien que sea impulsivo y se enfade con facilidad? Intenta dar las malas noticias con diplomacia y luego dale tiempo para que se tranquilice.

Una conexión CA también implica ser consciente de cómo los demás están tratando de (o luchando para) adaptarse. ¿Tu jefe está exigiendo que la gente vuelva a la oficina? ¿Hay rumores de fusión de empresas? ¿Están introduciendo un nuevo software en tu trabajo? ¿Van a subcontratar un servicio que antes hacíais tú o tus compañeros? ¿Van a trasladar las oficinas a otro lugar? ¿Están cambiando los planes de jubilación?

Algunos de estos temas serán sumamente importantes para ti y tal vez otros no te importen en absoluto. Pero todos son importantes para alguien. Después de anunciar un cambio, hay alguien que, quizá, esté entrando en pánico en alguna parte, y no porque sea un exagerado. Tal vez su resistencia al cambio no se deba a terquedad, sino a desesperación.

Dependiendo de la etapa de la vida en la que te encuentres y de tus circunstancias específicas, lo que es bueno para ti puede ser difícil para otra persona y lo que para ti es difícil puede ser catastrófico para otros. En tu caso, un programa nuevo puede implicar una pequeña curva de aprendizaje, pero para otros puede resultar una barrera infranqueable que podría dejarlos atrás y hacer que se vayan disipando en la irrelevancia (o, al menos, eso es lo que temen que ocurra). Para ti, una fusión puede implicar una reducción de horas o incluso quedarte sin trabajo. Pero para algunos puede significar no solo perder su empleo, sino también el seguro médico del que dependen su pareja y sus hijos.

Sí, sé que te gustaría que las personas complicadas fueran más simples, pero si no puedes cambiarlas, trata de adaptarte a ellas. Un poco de flexibilidad contribuye muchísimo para alcanzar un buen trabajo en equipo y la paz.

Por cierto, es posible que a tu ego no le guste esto, pero la voz cantante no tiene que ser siempre la suya. Te dirá que te defiendas, que demuestres algo, que te desquites, que tengas la última palabra, que ganes discusiones sin sentido y que mueras matando.

Si la otra persona es complicada en exceso —y siempre lo es—, tal vez tengas que adoptar una postura firme de vez en cuando. Guárdalo para las situaciones de verdad importantes. Por lo demás, dile a tu ego que se calme y toma la iniciativa. Sé el más maduro. Aunque la persona complicada no se dé cuenta, los demás sí lo harán y, a la larga, tu capacidad de adaptación y tu criterio te llevarán más lejos que las peleas de perros y gatos.

Tus conexiones con otros seres humanos serán siempre dinámicas, únicas y cambiantes. Aprende a adaptarte y ajustarte cuando sea necesario para que esas conexiones florezcan.

4. CONEXIÓN CT: TECNOLOGÍA E INNOVACIÓN

En un panorama laboral que está en constante evolución, quizá la tecnología es la que ha dado los pasos más grandes.

Si formabas parte de la población activa en los ochenta, viviste los albores del "trabajador digital". Los ordenadores eran feos, voluminosos y casi tan grandes como las personas, y aunque no chismeaban alrededor del dispensador de agua, sustituyeron muchas otras funciones humanas. La eficiencia se convirtió en la reina y el cambio en la norma.

Pasemos rápido a la década de los noventa, la de la revolución de internet. ¡Bienvenida, World Wide Web! El correo electrónico pasó a ser el nuevo memorándum de la oficina. Las herramientas digitales no solo servían para acelerar la comunicación, sino también para ampliar las conexiones más allá de las paredes de las oficinas. También fue la década del bíper. A la avanzada edad de ocho años, conocía a dos tipos de personas que los usaban: los médicos y mis hermanos. Idolatraba a ambos y soñaba con tener el suficiente éxito algún día como para tener un bíper.

Entramos en los años 2000, la era de la revolución "inteligente". El trabajo pasó a ser mucho más inteligente y pequeño gracias a dispositivos como la icónica BlackBerry. Yo tuve un Sidekick de T-Mobile. Si no sabes lo que es, imagínate un iPhone con un teclado que se desliza desde atrás y te hace pensar que eres superguay. Aprendimos a llevar nuestra oficina en el bolsillo. Comenzamos a entender el poder de la mensajería instantánea para respuestas rápidas y, más importante aún, para establecer buenas relaciones mediante la taquigrafía digital.

Después llegaron los imperios nacientes de las redes sociales y las herramientas de *networking* digital en la segunda década del siglo XXI. Las redes sociales ya no servían solo para ver vídeos de gatitos. LinkedIn, Slack, Microsoft Teams y otras plataformas transformaron la forma en la que las organizaciones podían conectarse y colaborar. El arte de la "diplomacia por mensaje directo" se hizo tan esencial como las negociaciones en la sala de juntas.

La década de 2020 comenzó con giro inesperado: la pandemia. Casi de la noche a la mañana, Zoom se convirtió en nuestro nuevo mejor amigo (o "amienemigo", dependiendo de la intensidad de señal de tu wifi). Las reuniones virtuales derribaron las barreras físicas, pero introdujeron otras nuevas, como la de tratar de interpretar el lenguaje corporal entre píxeles y pantallas. A continuación, la IA irrumpió en escena, primero como un término sin sentido, y luego, de repente, como un trabajador más. Desde el servicio al cliente automatizado hasta la clonación de la voz, la IA está reconfigurando la forma en la que entendemos la productividad, la creatividad e incluso la empatía en el trabajo.

En un entorno laboral, la tecnología no solo tiene que ver con dispositivos brillantes o la última moda, aunque pueden ser interesantes. También tiene que ver con comprender y aprovechar las nuevas herramientas con mayor eficacia. Eso hace que tus habilidades tecnológicas, CT o cociente tecnológico como se les llama a veces, sean un factor clave para tu éxito a largo plazo.

Sin duda se trata de un objetivo en constante evolución, sin importar los conocimientos que se posean, precisamente porque el mundo cambia con mucha rapidez. Tanto si te consideras un profano en informática como si eres un experto en tecnología, será necesario seguir aprendiendo y evolucionando con el tiempo. Todos debemos hacerlo.

Entonces, ¿qué es la conexión CT? Se trata de cómo usas la tecnología para colaborar con otras personas. Ya sea sea descodificar un mensaje lleno de emoticonos de un miembro *millennial* del equipo o atender una llamada de Zoom con un jefe no muy hábil con la tecnología, tu conexión CT consiste en usar la tecnología para comunicarte mejor, comprender más a fondo y conectarte con mayor eficacia con las personas.

Cuando hablamos de CT, existen dos tipos principales de personas complicadas. Recuerda esto con humildad: si uno de los dos grupos que estoy a punto de describir es sin duda "el problema" en el que estás pensando… quizá estés en el otro grupo, al menos a los ojos de la gente para la que eres conflictivo.

En primer lugar, algunas personas son complicadas porque no pueden (o no quieren) "estar al día" con las nuevas tecnologías.

Durante la pandemia, es posible que vieras el vídeo que se hizo viral de un viejo abogado que se metió en una llamada de Zoom con un juez y, por accidente, se puso el filtro de cara de gatito. Se presentó ante una audiencia formal como un adorable, aunque frustrado, felino. Su desesperada súplica al juez —"Estoy aquí en persona. No soy un gato"— se convirtió al instante en un fenómeno viral en internet.[33]

Situaciones como esas nos hacen reír, pero en el trabajo las personas que tienen problemas con la tecnología suelen frustrarnos. Son las que no revisan sus mensajes de texto, las que te llaman por teléfono sin mandarte antes un mensaje (¡horror!), las que le dan a "responder a todos" para enviar su solicitud de vacaciones a toda la empresa o murmuran sobre esos tiempos en los que la gente "se limitaba a contestar al teléfono" o "iba a reuniones reales" cuando les pides que se abran una cuenta en Slack.

El problema no es que no disfruten o valoren la tecnología, sino que su falta de habilidades técnicas puede acabar bombardeando la eficacia y la eficiencia del equipo. Por eso nos frustramos con ellos y por eso son complicados.

Cuando eso ocurra —y ocurrirá—, no des por sentado que son necios o estúpidos. Recuerda la velocidad con la que está cambiando el mundo, y ten en cuenta que tú y yo podríamos estar en su piel en cuanto la Generación Alfa llegue al mundo laboral. Quién sabe qué tecnología adorarán "esos niños" o con qué frecuencia pondrán los ojos en blanco cuando nos equivoquemos o compliquemos las cosas.

¿Cómo lidias con este tipo de persona complicada? Depende de tu posición en el equipo y tu relación con ella, pero sobre todo se reduce a comprensión y paciencia. Busca un punto medio entre ambos e intenta comprender sus bloqueos mentales. Después, bríndales la ayuda que necesitan para avanzar, como tiempo, formación o mentorías. Procura tener alternativas en tu flujo de trabajo y no dependas por completo de una sola herramienta en línea. Tal vez sea buena idea programar reuniones frecuentes (presenciales) para que no se sientan perdidas en el vacío virtual.

Un recordatorio más: no equipares la torpeza tecnológica de la gente con una falta de valor o competencia. Ellos son más que sus habilidades tecnológicas (o que su falta de ellas). Solo porque no puedan guardar su información en la nube no significa que no puedan ofrecer opiniones valiosísimas para tu equipo.

Ahora, hablemos del otro extremo. Algunas personas son complicadas porque saben tanto de tecnología que les resultan incomprensibles (o ininteligibles) a su equipo.

A veces son los ingenieros o los informáticos que olvidan que saben muchísimo más que cualquier persona normal. Pero en la mayoría de los casos se trata de chicos y chicas jóvenes, esos que crecieron con la tecnología y les resulta más fácil recorrer el mundo laboral de forma virtual que mediante interacciones cara a cara.

Si tienes a alguien complicado con este perfil en tu oficina, no asumas de inmediato que es arrogante, inmaduro o incapaz de vivir en el mundo real, igual que no quieres que él o ella asuma que tú eres necio, que estás anclado en tus costumbres o que vives en la década pasada.

MEJOR ESFUÉRZATE EN CONSTRUIR UN PUENTE.

¿Cómo puedes conectar con ellos? ¿Podrías usar la tecnología para colaborar de forma más eficaz? Recuerda que cuantos más años tengas, más probable será que la mayoría de tus compañeros de trabajo entre en esta categoría de expertos en tecnología, por lo que tienes que encontrar cuáles son las mejores prácticas para reducir la brecha tecnológica antes de que te quedes atrás.

Si quieres relacionarte mejor con esas personas, prueba con hacer algún curso o ver vídeos de YouTube para ponerte al día, o lánzate y pídeles ayuda. Quizá se rían de ti un poquito (sin malicia, si tienes suerte), pero creo que te sorprenderán las ganas que tiene la gente de ayudarte cuando demuestras interés en su mundo. Tampoco subestimes el valor de la práctica. Estos expertos en tecnología saben lo que saben porque lo aprendieron con el tiempo. No hay nada vergonzoso en ir muy por detrás de ellos si estás en una etapa diferente de la vida o naciste en otra década. Solo sigue aprendiendo, intentándolo y practicando. Las cosas empezarán a encajar y disminuirá el factor de intimidación.

Con independencia de dónde te encuentres en el espectro de la CT, te animo a que aproveches el potencial que tiene la tecnología para la conexión humana. Es tu aliada para derribar barreras entre tus colegas complicados y tú. A veces nos centramos tanto en la eficacia, las curvas de aprendizaje y las tasas de consumo que nos olvidamos de que la tecnología se basa sobre todo en encontrar mejores maneras de comunicarse y colaborar con seres humanos de carne y hueso.

- **Comparte un meme gracioso en el chat del equipo.**
- **Envía mensajes a la gente para felicitarla por su cumpleaños.**
- **Elogia sus logros o solo di hola.**
- **Publica algo que invite a la reflexión y que tu equipo pueda ver.**
- **Usa las redes sociales para iniciar una conversación.**
- **Comparte un artículo interesante o un pódcast relevante.**
- **Investiga contactos profesionales en LinkedIn.**
- **Usa las redes sociales para mandarle un DM (profesional) a alguien.**

Estos son algunos ejemplos de las incontables maneras en las que la tecnología puede mejorar la calidad y la profundidad de tus conexiones humanas.

Entonces ¿la tecnología resolverá todos tus problemas? No, claro que no. Pero si puedes aprender a usarla con prudencia y sensatez para construir puentes, te sorprenderá cuántas conexiones puedes formar, mantener y mejorar... incluso con personas complicadas.

5. CONEXIÓN CD: DECENCIA Y AMABILIDAD

Tal vez hayas escuchado la frase: "No es nada personal, es trabajo".

Aunque suena a un mantra frecuente, será increíblemente difícil interactuar con personas complicadas si todo es "solo trabajo", al menos en el entorno laboral actual y con las generaciones de hoy en día. Mientras trabajes con personas, todo será personal.

Existe una mejor forma de dirigir y trabajar que centrarse solo en el trabajo, e implica conectar con tu humanidad en lugar de separarte de ella. Así se define a un ser humano íntegro, y es la base del siguiente cociente clave de las personas que vamos a desglosar: el CD.

De los cinco cocientes que abordamos, el CD es quizá el menos conocido. De hecho, si eres como yo, tal vez asocies esas dos letras con un soporte para almacenar datos y no con una habilidad humana. Aun así, cuando hablamos de lograr una colaboración eficaz con las personas con hábitos, estilos y personalidades complicados, es probable que esta sea la mejor habilidad de todas.

Las siglas corresponden a "cociente de decencia", y apareció en un artículo de Bill Boulding, decano de la Facultad de Negocios Fuqua de la Universidad de Duke, publicado en 2019 en la *Harvard Business Review*. Boulding afirma que CD significa que alguien "no solo tiene empatía por sus empleados y colegas, sino también el deseo auténtico de cuidarlos" y que eso "implica centrarse en hacer el bien para los demás".[34]

Aunque el CD no es una herramienta científica de medición ni se ha estudiado tanto como el CI o el CE, creo que aporta una importante cualidad humana al tema.

Al fin y al cabo, uno puede ser una persona brillante... y también malvada. Puedes ser muy bueno comprendiendo las emociones, pero usar dicha habilidad para distorsionar la realidad, generar culpa, manipular, culpar o ejercer cualquier otro tipo de maltrato emocional hacia los demás. Boulding dice, además, que "el intelecto y la inteligencia emocional son importantes, pero la decencia es la que garantiza que el CI y el CE se usen para beneficiar a la sociedad y no para destruirla".

No estamos hablando solo de ser una persona íntegra y decente, sino de usar esta habilidad para establecer conexiones. En mi opinión, la idea de la conexión CD describe la capacidad de conectar con las personas con humanidad. Por ejemplo:

- **¿ERES amable?**

- **¿CONSIDERAS el impacto que tienen tus acciones en los demás?**

- **¿TIENES empatía con lo que otros están pasando?**

- **¿TUS ACCIONES SON buenas y éticas?**

- **¿LOS DEMÁS PUEDEN confiar en tus motivos?**

- **¿TIENES EN CUENTA los intereses de los otros y no solo los tuyos?**

- **¿ACTÚAS con integridad en lugar de sacrificar cualquier cosa por el crecimiento o los beneficios?**

- **¿LAS PERSONAS se sienten seguras contigo?**

Ser amable y hacer tu trabajo no deberían ser objetivos excluyentes. No hay razón por la que no puedas ser amable y eficaz al mismo tiempo. Educado y productivo. Compasivo y competitivo. Comprensivo y exigente.

Con frecuencia dejamos de lado el componente humano, como si fuera opcional, cuando en realidad es la clave esencial para lograr un ambiente laboral feliz y eficaz. Como dice la *Harvard Business Review*:

> **EXISTEN NUMEROSOS ESTUDIOS QUE** afirman que cuando los líderes se centran ante todo en el bienestar de sus empleados, es un gran indicador de la satisfacción laboral de estos últimos, del apoyo que perciben de la organización, de la lealtad y la confianza en ella y de la retención de talento. También se ha vinculado a un mejor rendimiento laboral de los empleados (puesto que aumenta su motivación) y de los equipos.[35]

Pero ¿qué pasa con lo de que "la buena gente termina en último lugar"? Sí, suena maravilloso eso de ser un jefe simpático, un líder generoso, un compañero de trabajo amable o un empleado atento, pero ¿no acabarás pisoteado y rebasado por todos esos tipos duros que saben cómo "llegar lejos"?

Los investigadores de la Universidad de California, Berkeley, llevaron a cabo dos estudios durante 14 años para tratar de averiguar si era cierto eso de que la buena gente acaba en último lugar. Evaluaron cuánto poder adquirieron cientos de participantes a lo largo del tiempo y buscaron correlaciones con lo egoístas, combativos o manipuladores que eran. Este fue un resumen de sus conclusiones:

> **LAS PERSONAS EGOÍSTAS, DESHONESTAS Y AGRESIVAS** no tenían más probabilidades de llegar al poder que las generosas, dignas de confianza y agradables. ¿Por qué? Las personas desagradables eran intimidantes y eso habría aumentado su poder, pero también tenían peores relaciones interpersonales en el trabajo, lo que contrarrestaba cualquier posible ventaja de poder que su comportamiento hubiera aportado.[36]

En otras palabras, los matones no llegaban más lejos que los que no lo eran. Pero sí dejaban más cadáveres en el camino.

Aunque hay muchas investigaciones que respaldan el valor de la amabilidad en el trabajo, seguro que lo entiendes de forma instintiva, por el simple hecho de ser un ser humano real con sentimientos y necesidades propias. Contempla tus propias experiencias laborales. ¿A qué tipo de jefe respondes mejor: a alguien que te intimida y acosa o a alguien que te respeta y te empodera? ¿Qué tipo de entorno laboral saca lo mejor de ti y de tus compañeros? ¿Una cultura tóxica, despiadada y competitiva, o una en la que se fomenta el trabajo en equipo y se permite a las personas prosperar?

Si pretendes tener una carrera exitosa, debes centrarte en algo más que en tu base de conocimientos, tu inteligencia emocional, tus habilidades de gestión del cambio y tu destreza tecnológica.

TAMBIÉN TIENES QUE SER UN SER HUMANO ÍNTEGRO.

Claro que tu integridad se va a poner a prueba si vas a trabajar con personas complicadas. Porque cualquiera puede ser amable con gente amable y educado con gente educada. No es difícil ser generoso y atento con los colegas que te caen bien y a los que caes bien. Pero ¿puedes tratar a las personas difíciles, frustrantes, molestas y confusas con cortesía y consideración?

Ahí es donde de verdad entra en juego el CD.

¿Puedes ser una persona íntegra cuando estás lidiando con una persona complicada?

Hablo del jefe que se lleva el mérito por cosas que tú has hecho. El compañero de trabajo que siempre es negativo. El participante en la reunión que siempre interrumpe tu presentación con preguntas condescendientes. El colega que se ríe de ti a tus espaldas. El cliente que pide ocho presupuestos diferentes y luego le compra a la competencia. El jefe que se niega siquiera a considerar la remota posibilidad de que quizá, tal vez, posiblemente, por casualidad, pudiera equivocarse en algo.

No te digo que te tengan que caer bien, pero ¿puedes ser amable con ellos? ¿Puedes tener en cuenta sus necesidades además de las tuyas?

Esto es más una habilidad y una decisión que un rasgo de la personalidad. Es un comportamiento aprendido. Es una elección que todos podemos hacer para ver más allá de la eficacia y la eficiencia, de los plazos y los resultados, de nuestros egos y emociones, hasta que podamos ver a los demás con humanidad.

El punto central de la conexión CD es el siguiente: trata a la gente como te gustaría que te trataran a ti. También se conoce como la regla de oro, y es una forma atemporal y contrastada para evaluar tus acciones. No te centres en una sola cosa, no pienses solo en el proyecto en marcha, los beneficios de la empresa o tus propios intereses. Todo eso importa, pero no es lo único que importa. Intenta equilibrar los intereses de todo el mundo y tomar decisiones que tengan en cuenta a todas las partes.

El estrés y la presión de los negocios pueden intentar exprimir y extraer nuestra humanidad, pero es posible recuperarla. Dentro de la mayoría (si no es de todos) hay una buena persona con un buen corazón. Hay un alma íntegra, solidaria, justa, altruista, compasiva y empática que sabe, de forma instintiva, cómo tratar a los demás. Esa es la parte de ti que debe aflorar cuando tratas con los demás, sobre todo con los que no son tan buenos.

ES MOMENTO DE REPASAR TUS COCIENTES

Cuando la gente es complicada, no tienes por qué corresponder su energía negativa. No necesitas jugar sucio solo porque ellos lo hacen. Con eso solo complicarás más una situación ya de por sí difícil. Mejor usa tus cocientes para controlar tus pensamientos, emociones e interacciones y para responder con madurez. Repasemos:

1. **Tu CONEXIÓN CI (cociente intelectual) describe cómo conectas con los demás a nivel intelectual o de conocimiento. ¿Qué tienes que aprender y saber para trabajar mejor con otra persona?**

2. **Tu CONEXIÓN CE (cociente emocional) se refiere a cómo manejas el lado emocional de las relaciones y el trabajo en equipo. ¿Qué sientes tú, qué sienten ellos y cómo puedes recorrer ese campo minado con inteligencia?**

3. **Tu CONEXIÓN CA (cociente de adaptabilidad) trata sobre la rapidez y eficacia con que te amoldas a las diferencias de la gente. ¿Eres capaz de cambiar y adaptarte cuando es necesario para trabajar con una variedad más amplia de personas?**

4. **Tu CONEXIÓN CT (cociente tecnológico) examina tu capacidad de interactuar con personas mediante la tecnología. ¿Eres capaz de aprovechar la tecnología para construir**

puentes con los demás, incluso cuando sus habilidades o preferencias son distintas a las tuyas?

5. **Tu CONEXIÓN CD (cociente de decencia) describe el lado "humano" de tus conexiones: tu amabilidad, generosidad y atención hacia los demás. ¿Tienes en cuenta las necesidades y los sentimientos de las personas que trabajan contigo?**

Vas a necesitar tus cinco cocientes clave para tratar con la clase particular de personas complicadas que vamos a analizar a continuación. Me refiero a la infame brecha generacional.

Si alguna vez has puesto los ojos en blanco ante un jefe más mayor, que parece tan anticuado, o piensas que a la generación más joven se le está pudriendo el cerebro con su adicción al móvil, el próximo capítulo es para ti.

CAPÍTULO 7

LA EDAD ES SOLO UN NÚMERO... HASTA QUE TENÉIS QUE TRABAJAR JUNTOS

Estaba en un avión pensando en estrategias para que mi empresa subiera un escalón más, cuando se me ocurrió la idea: contratar a mi madre como ayudante de investigación. Ella nació en 1949 y me trajo al mundo en 1986. Se incorporó al mercado laboral a finales de los sesenta, y yo recibí mi primer salario a principios del siglo xxi. Así que hay casi cuatro décadas de diferencia de edad y experiencia laboral entre ambos.

Sospechaba que me esperaba un viaje emocionante, pero nada pudo prepararme para tener que explicarle cómo aprovechamos la inteligencia artificial para maximizar, seleccionar y programar contenidos. Utilizábamos la IA hasta para crear contenido en diferentes idiomas, utilizando mi avatar y mi voz generados por ordenador para influir en personas de todo el mundo en su propio idioma. Ojalá hubieras podido ver la cara de mi querida madre cuando empecé a explicarle el funcionamiento interno del universo de la IA, en rápida evolución y tremendamente emocionante. Era como intentar enseñar a un pez dorado a montar en bicicleta.

A pesar de todo, es divertido tener a mi madre como parte del equipo. Más que divertido, es revelador, refrescante y útil. Añade cosas que nadie más podría. Cuanto mayor sea la diversidad de edades y experiencia laboral que puedas tener en un equipo, mejor.

¿Verdad?

(Aplausos débiles).

Seamos sinceros. En teoría suena maravilloso combinar distintas décadas en un mismo lugar de trabajo, pero en la vida real puede ser un auténtico dolor de... ya sabes qué. Sí, mi madre es increíble y a nosotros nos está funcionando, pero en general, la diferencia de edad parece ser un punto conflictivo para la gente en todos los aspectos de la vida, y el trabajo no es ninguna excepción.

Sumerjámonos primero en las aguas, a menudo turbulentas, de superar las diferencias generacionales en la oficina para exponer algunas ideas valiosas sobre cómo interactuar con las personas complicadas que nacieron décadas antes o después que nosotros. llegó la hora de salvar la brecha generacional y hacer de tu trabajo un lugar lleno de armonía para todos, desde los *baby boomers* hasta la generación Z.

GENERACIONES, EDADES Y ETAPAS DE LA VIDA

Como ya te habrás dado cuenta, cuando la gente habla sobre otras generaciones suele basarse en estereotipos, y casi siempre se centra en rasgos negativos. La gente suele tener determinadas creencias sobre la generación Z, los *millennial*s, la generación X o los *baby boomers,* las cuales se basan en una mezcla de experiencias y de algunos titulares de prensa que leyeron. Esto es un problema por tres razones.

LA PRIMERA es que no se puede agrupar a miles de millones de personas bajo una sola etiqueta y esperar que sea precisa. Rechazar a grupos de edad enteros diciendo cosas como "se creen con todos los derechos" o "están muy estancados en sus costumbres" es simplista y, para ser sincero, cruel. Tenemos que reducir la retórica y aumentar la empatía. No se puede pasar diez minutos buscando en Google "generación Z" y esperar predecir el comportamiento de todos los jóvenes de veinticinco años.

LA SEGUNDA es que las generaciones son un constructo social. Eso significa que nosotros las inventamos. Son etiquetas poco precisas que intentan simplificar las cosas con el fin de facilitar el debate, pero al fin y al cabo no son más que palabras, no definiciones biológicas de especies distintas. No hay consenso sobre cómo determinar exactamente cuándo empieza o termina una generación, y no hay ningún organismo oficial que las denomine o describa. Encontrarás distintos intervalos de fechas para cada una de las generaciones y los límites entre ellas son un poco difusos. Si te encuentras en la frontera entre generaciones (a los que a veces llaman *cuspers*) no te sientas obligado a elegir un bando. Lo más probable es que seas una mezcla.

LA TERCERA, y quizá la más importante, es que muchas de las "diferencias" entre generaciones están relacionadas, al menos en parte, con la edad y la época de la vida en la que se encuentran las personas que las componen. A medida que las generaciones avanzan en la línea temporal de la vida, los individuos que las componen cambian un poco. O mucho. Los *hippies* rebeldes y empeñados en el cambio de la década de los setenta hoy son personas mayores, así que no des por sentado que, solo porque los *baby boomers* que conoces actúan de cierta manera hoy en día, siempre fueron así. Lo mismo ocurre con la generación Z. Antes de ponerte a criticar todo el tiempo que pasan en las redes sociales, piensa que muchos de ellos aún no tienen hijos ni hipotecas, por lo que el tiempo es un lujo del que pueden disfrutar. No tienen ni idea de lo que está por venir (risa maquiavélica). Se suele citar al escritor Roger Allen que dijo que "por si te preocupa lo que va a pasar con la generación más joven, pues crecerá y se empezará a preocupar por la siguiente generación más joven".[37]

Tal vez hoy seas uno de los más jóvenes de tu equipo y estés deseando asumir riesgos e innovar. Pero dentro de treinta años podrías ser el más veterano del equipo que está tirando de las riendas, tratando de ralentizar las cosas para que vayan a una velocidad más segura. Ambas cosas son válidas y necesarias. La humildad ante todo.

Las distintas etapas de la vida afectan a la forma en la que se presenta alguien al trabajo. En concreto, pueden hacerla más complicada. Reflexiona un momento sobre el posible efecto de estas etapas:

- **Un estudiante universitario que además tiene un trabajo de media jornada o tiempo completo**

- **Un adulto soltero que está centrado en su carrera (pero su vida sentimental es un drama)**

- **Alguien que acaba de casarse**

- **Padres y madres de niños pequeños que no duermen por la noche y exigen atención constante (sobre todo si la crianza es en solitario)**

- **Madres y padres con niños mayores que necesitan menos supervisión, pero con urgencias reales y angustia adolescente constante**

- **Alguien que está pasando por un divorcio complicado**

- **Alguien que se acaba de quedar con el nido vacío, con todo el tiempo del mundo y dinero en el banco**

- **Alguien que está pasando por alguna enfermedad, una muerte en la familia u otra tragedia**

- **Un adulto mayor que se enfrenta a la jubilación y que tal vez no sepa qué hacer después o cómo pagar lo que quiere hacer**

Cada una de estas etapas suele afectar a cómo se siente la gente, cómo se comporta y cómo la perciben los demás. Dado que algunas poco tienen que ver con la edad, podemos caer en la tentación de agrupar sus complicaciones bajo una etiqueta genérica, pero esto suele ser injusto y poco útil. Es mejor dar un paso atrás y preguntarse si la complicación de alguien podría estar relacionada con una etapa que esté atravesando. Eso significa tratarlos como personas y no como parte de una categoría sin rostro.

Anita Lettink, autora y oradora que se especializa en recursos humanos y en el futuro del trabajo, defiende este punto cuando afirma que "las diferencias dentro de una misma generación pueden ser mucho mayores que las que existen con otras. Aunque hay características similares dentro de una generación gracias a las experiencias compartidas… todo el mundo es diferente. Sus circunstancias son distintas. Lo que le queda bien a uno, le aprieta al otro".[38]

En resumen: estoy convencido de que las "generaciones" son más complicadas de como las pintamos a veces, y probablemente no estamos tan distanciados como queremos creer. Si podemos aprender a caminar un par de kilómetros en chanclas, Crocs, deportivas, zapatos Oxford o los que use cualquier otro grupo de edad, quizá podamos entenderlos mucho antes de lo que creíamos.

Como siempre digo, la comprensión es clave para la colaboración.

Esto es importante porque siempre vas a trabajar con personas de otras generaciones. No podrás evitarlas, ignorarlas o cancelarlas a todas. Trabajarán en la mesa de al lado. Estarán en el equipo de tu proyecto. Asistirán a tu junta directiva. Establecerán las políticas de tu empresa. Te dirigirán o te formarán, y tú las liderarás o formarás. Serán tus socios, accionistas, clientes, consumidores, contratistas o empleados.

En lugar de dejar que esas diferencias nos intimiden, tenemos que permitir que nos intriguen. En lugar de alejarnos de la gente de la que nos separan algunas décadas, debemos acercarnos.

Es más sencillo de lo que crees.

SOLO FALTA UN PEQUEÑO AJUSTE

Los conflictos derivados por la edad son tan antiproductivos como evitables y complican las cosas más de lo necesario. No, no siempre es fácil llevarse bien con personas que nacieron décadas antes o después que tú, pero tampoco es tan difícil como podrías suponer.

Gracias a mi adicción a las deportivas, el atuendo al que recurro cuando doy charlas en eventos y conferencias es un traje y unas Nike. Clase y comodidad… ese es mi lugar feliz.

Uno de mis clientes es una empresa inmobiliaria comercial con sede en Tampa, y la directora general es una mujer de cierta edad que admira mis deportivas cada vez que doy una charla allí. Una vez me dijo: "Ryan, yo nunca podría vestirme así. No podría usar deportivas".

Entonces le envié un par.

Hablé con ella después y le pregunté si se las ponía. Me dijo que no solo eso, sino que toda la oficina se había dado cuenta y les encantaba, sobre todo a los empleados más jóvenes.

Es increíble cómo algo tan pequeño como un ajuste en el armario puede crear una conexión con personas que nacieron tres décadas después que tú. Fue un acto pequeño, casi simbólico, pero construyó un puente y su oficina mejoró gracias a eso.

Me pregunto cuántas veces estaremos a solo un pequeño ajuste de vincularnos con otras generaciones. El abismo que separa a los grupos de edad, la temida brecha generacional, puede ser intimidante. Pero ¿son las personas de otras edades, en otras etapas de la vida y generaciones en el fondo tan diferentes de nosotros?

La respuesta es sí y no.

Sí, hay diferencias entre las personas en distintas décadas o etapas de la vida. Y sí, no hay duda de que esas discrepancias pueden hacer que la gente sea complicada. Una persona de veinte años no solo viste de forma diferente a una de sesenta. A menudo no ven el mundo igual. Abordan el trabajo de forma distinta. Se relacionan de otra manera con la tecnología. Tienen otros límites, expectativas y estilos de comunicación. Colocar a un equipo multigeneracional en un proyecto o en un departamento significa fusionar esas diferencias, y es común que el resultado cause que rechinen algunos engranajes.

Pero la respuesta también es no, no son tan diferentes. De hecho, somos bastante parecidos. Las investigaciones sobre generaciones siempre muestran más afinidades que diferencias entre ellas.[39] Nuestra encuesta mostró lo mismo. Aunque encontramos algunos matices interesantes en temas específicos, en general, la edad y las discrepancias generacionales no fueron un factor tan determinante. Y eso es bueno.

Es importante reconocer los vínculos que nos unen, no solo las peculiaridades que nos frustran. Al fin y al cabo, todos somos seres humanos, no *baby boomers* ni generación Z ni *millennials*. Somos de generaciones distintas, no de otros planetas. Quizá nunca entiendas por qué tu compañero de trabajo no contesta al teléfono y publica memes en tu canal de Slack a las dos de la madrugada, pero si te acercas un poco más a él puedes aprender habilidades para comunicarte, aprovechar sus conocimientos y tener éxito a su lado.

Estamos más cerca unos de otros de lo que por lo general pensamos, y cualquier mínimo acto de empatía —como una directora general usando deportivas en la oficina— puede lograr más de lo que nos damos cuenta.

Como he mencionado antes, no podemos ser simplistas ni ingenuos cuando se habla de etiquetas y estereotipos generacionales. Pero eso no significa que el concepto de generaciones no sea una herramienta útil para entender a la gente. Solo hay que usarla bien.

Tenemos que detectar tanto los puntos de conexión como los de conflicto. Al examinar más de cerca a las generaciones que hoy se ven representadas en el entorno laboral, evitaré los estereotipos de "okey, *boomer*" y "niños TikTok". En su lugar quiero centrarme en cómo entendernos y colaborar mejor.

GENERACIONES EN EL ENTORNO LABORAL

Hoy en día hay principalmente cinco generaciones que influyen en el entorno laboral, aunque la de más años es de lejos la menos representada debido a su edad. Según el Pew Research Center, un laboratorio de ideas y empresa de sondeos con mucho prestigio, las generaciones en el trabajo son:

- **La generación silenciosa: los nacidos entre 1928 y 1945**

- **Los *baby boomers*: los nacidos entre 1946 y 1964**

- **La generación X: los nacidos entre 1965 y 1980**

- **Los *millennials*: los nacidos entre 1981 y 1996**

- **La generación Z: los nacidos entre 1997 y 2012** [40, 41]

Tarde o temprano habrá otro grupo que se incorpore a la población activa: la generación Alfa. En la actualidad, sus miembros de más edad están enfocados en sobrevivir a la secundaria y los más jóvenes ni siquiera han nacido. Pero más o menos en 2030 estarán cobrando su primera nómina.

El término "generación" puede definirse como "un grupo de personas nacidas en la misma época y criadas en la misma zona". [42] En esencia, es un montón de gente que llegó al mundo más o menos al mismo tiempo y creció en entornos parecidos. Piensa en ello como en un club que no elegiste, pero del que recibiste una membresía para toda la vida. Las generaciones son esas categorías generales que asignamos a las personas en función de su año de nacimiento y de las listas de reproducción mundiales compartidas.

En general, las personas que nacieron y crecieron en circunstancias similares tienden a compartir valores y formas de pensar similares. ¿Por qué debería importarnos esto, en concreto, en el trabajo? Este es el motivo: las diferencias de edad en la oficina no solo tienen que ver con quién recuerda la conexión a internet por línea telefónica y quién nació deslizando el dedo por una pantalla. Se trata de entender la mentalidad de tu compañero de trabajo, de darse cuenta de que tal vez tu jefe de sesenta años no entienda tus referencias a memes, pero vale la pena escuchar sobre todo lo que sabe.

Si quieres trabajar de forma eficaz con personas que se llevan varias décadas entre sí, tienes que comprender cómo piensan, cuáles son sus temores y valores, cómo se comunican o cómo se enfrentan a la tecnología, entre otras cosas.

También es importante que te entiendas a ti mismo. Como todos los demás, naciste en una generación determinada. Tienes una cierta edad. Estás pasando por una etapa única en tu vida. Eres un coctel generacional de experiencias y peculiaridades, y eso te hace complicado para alguien.

En nuestra encuesta, uno de los descubrimientos más fascinantes relacionados con este tema surgió de la pregunta: "¿Con qué generación crees que es más complicado tratar en el trabajo?".

¿Lo adivinas? Inténtalo.

Por supuesto, dependió de a quién le planteamos la pregunta. Descubrimos que, para los *millennial*s, las generaciones más complicadas con las que trabajar eran los de la generación X y los *baby boomers*, mientras que para estas dos últimas, los *millennial*s eran los difíciles. A su vez (y esto me parece graciosísimo), la generación Z cree que su propio grupo es el más complicado. Al menos son sinceros.

Todo tiene sentido si piensas en ello. En el momento de nuestra encuesta (2024), los *millennial*s, la generación X y los *baby boomers* constituían tres cuartas partes de la población activa y ocupaban la mayoría de los puestos mejor pagados. Actualmente están enzarzados en un tira y afloja sobre quién se queda qué puesto en qué empresa. Por lo que esos señalamientos son normales.

Si repitiéramos la encuesta dentro de diez años, ¿obtendríamos los mismos resultados? Tal vez no. La mayoría de los *baby boomers* ya habrán salido del mercado laboral por su edad. Una gran cantidad de los pertenecientes a la generación X tendrán la vista puesta en la jubilación. La generación Z será un grupo mucho mayor, pisando los talones a los *millennial*s y compitiendo por el control. Y un nuevo grupo, la generación Alfa, entrará en escena. Si tuviera que adivinar quiénes se señalarán unos a otros dentro de diez años, diría que los dos grupos más grandes: los *millennial*s y la generación Z.

Lo que me dicen estos datos no es que una generación sea intrínsecamente mejor o peor que otra, sino que son complicadas las unas para las otras.

Eso, amigo mío, significa que ninguna generación es una causa perdida. En lugar de dejar que las diferencias generacionales se conviertan en una guerra, podemos aprender a colaborar con mayor eficacia gracias a la empatía y al conocimiento.

El hecho de que la población activa siempre tendrá grandes segmentos de múltiples generaciones significa que estaremos continuamente construyendo puentes a lo largo de la brecha generacional. Sean cuantos sean los años que te queden en el mundo laboral, estarás rodeado de personas que son varias décadas mayores o más jóvenes que tú. Eso no va a desaparecer.

Y ESO ES BUENO.
LA DIVERSIDAD SIEMPRE LO ES.

CÓMO TRABAJAR BIEN CON OTRAS GENERACIONES

¿Cuáles son algunos de los mejores métodos para trabajar con personas de otras generaciones, sobre todo cuando las diferencias de edad y de la visión del mundo son complicadas? Nombraré tres.

I. REFLEXIONA SOBRE QUÉ PIENSAS ACERCA DE LA EDAD

Pon atención a lo que piensas de las personas más jóvenes y mayores que tú. ¿Tienes prejuicios relacionados con la edad?

El siguiente fragmento se le atribuye a Mark Twain: "Cuando era un chico de catorce años, mi padre era tan ignorante que a duras penas podía soportar tenerlo cerca. Pero cuando cumplí veintiuno, me asombró cuánto había aprendido el viejo en siete años".[43] Es decir, cuanto mayor te vuelves, más aprecias la sabiduría que siempre tuvo la gente mayor.

Los resultados de las investigaciones indican que, en general, solemos considerar a las personas mayores más cercanas y amables que las jóvenes, pero también menos competentes, ambiciosas, responsables y mentalmente eficientes. Además, somos más propensos a atribuir los fallos de memoria de los adultos mayores a la incompetencia intelectual, mientras que en el caso de los adultos jóvenes se percibe como una simple falta de atención o esfuerzo.[44]

Eso da miedo. Significa que muchas veces dejamos que la edad sesgue nuestra percepción de las capacidades y cualidades de una persona, incluso sin conocerla. Esto se llama edadismo y hace referencia a los juicios de valor sobre las personas basados solo en su avanzada edad. El edadismo no recibe tanta atención mediática como el racismo, la misoginia u otras áreas de los prejuicios sociales, pero es igual de real.

Los prejuicios por edad también pueden ir en la dirección opuesta: hacia aquellos que son mucho más jóvenes que nosotros. En mi papel de orador y *coach* he estado en muchas reuniones en las que personas de distintas generaciones estaban en la misma sala o en el mismo Zoom, y es fascinante (y preocupante) ver el lenguaje corporal de algunos de los mayores cuando los miembros de menor edad toman la palabra.

En general, no se trata tanto de hostilidad, sino de desinterés. Desprecio. Desconexión. Es esa sensación de que el más joven no tiene mucho que aportar. El lenguaje corporal y las reacciones de algunas personas mayores parecen decir: "No hay forma de que este niño pueda aportar algo nuevo. No tiene ni mi educación ni mi experiencia. Voy a dejarlo hablar porque no vale la pena discutir, pero no voy a aprender nada de él".

Cualquier prejuicio basado en la edad está mal. ¿Por qué? Porque ignora las capacidades reales de la persona. "Es demasiado viejo para trabajar en un producto tecnológico" o "es demasiado joven para liderar un equipo" no son afirmaciones lógicas. Son juicios de valor estereotipados que reducen a los seres humanos a un cliché, a una suposición o a un tópico despectivo.

Lo curioso es que "joven" y "viejo" son relativos. Todos lo sabemos. Cuanto mayor te haces, más alejas la etiqueta de "viejo" en tu definición mental. "Viejo" siempre es al menos un par de décadas más que la tuya en la actualidad y "joven e inmaduro" siempre está más o menos una década por detrás de ti.

Esto funciona con todas las generaciones: dale a la gente lo que más quiere: sentirse importante. Para trabajar con personas de otras generaciones, hay que empezar por respetarlas. Hay que reconocer y subvertir intencionadamente los prejuicios subconscientes.

A su favor, he visto a directores generales mucho mayores y con más éxito que yo hacer exactamene eso cuando me invitan a hablar en sus empresas. Ejecutivos de empresas de la lista Fortune 100 valoradas en miles de millones de dólares me han llamado y me han dicho: "Oye, me encantaría consultarte un par de cosas". Y yo pienso: "¿De qué estás hablando? ¿Consultarme a mí un par de cosas? Soy yo el que tengo que consultarte a ti. Quiero oírte hablar". Me resulta sorprendente y desafiante a la vez porque espero mantenerme siempre receptivo a personas más jóvenes que yo.

Solo tú puedes controlar tus puntos de vista y tu conversación mental. Cuando piensas en esa persona difícil y complicada de otra generación, sea más joven o mayor que tú, ¿qué palabras te pasan por la cabeza? Si son negativas y despectivas, intenta reformularlas.

Si hablamos de personas más jóvenes que tú:

¿SON...

- ### IRRESPETUOSAS ...
  o apasionadas y entusiastas?

- ### PEREZOSAS ...
  o les preocupa el equilibrio entre su vida laboral y su vida personal?

- ### ADICTAS A LAS PANTALLAS ...
  o hábiles con las herramientas digitales?

Si hablamos de personas mayores que tú:

¿SON...

- ### UNOS FÓSILES ...
  o cuentan con mucha experiencia?

- ### DE COSTUMBRES ANTICUADAS ...
  o saben algo que tú no?

- ### UNOS DESCONECTADOS ...
  o simplemente están conectados a una parte del mundo distinta?

Supongo que la respuesta a algunas de estas preguntas sería "un poco de ambas". No pasa nada. Permite que la gente sea humana.

En lugar de centrarte en cómo te complican la vida, aprecia sus experiencias y perspectivas únicas sin juicios ni prejuicios. El trabajo ya es bastante complicado como para imponer a la gente suposiciones basadas en la edad.

2. TRABAJAD JUNTOS DE MANERA CONSCIENTE

Es complicado crear equipos intergeneracionales, pero vale la pena hacer el intento. Todo el mundo puede aportar algo que los demás necesitan.

Para ser sincero, veo más generaciones siendo condescendientes que creando vínculos. Están dispuestas a mostrar cierta consideración o a hacer algunas concesiones a otros grupos, pero solo llegan hasta ahí. No es enfado ni angustia, es evasión. No piensan mal del otro porque no piensan mucho en él.

Se limitan a asentir con la cabeza, a evitar temas delicados y luego van a lo suyo. Pero ¿es eso todo lo que podemos esperar? ¿Tolerancia en público, desprecio en privado y desconexión continua en el trabajo? Creo firmemente que si nos conformamos con eso, nos estamos perdiendo la fuerza y la belleza de la diversidad.

El objetivo no es ignorar su edad, del mismo modo que no se ignora la etnia o el género de una persona. Son factores valiosos. Forman parte de quiénes son y de la vida que vivieron. Solo hay que asegurarse de ver la importancia de esas cosas en lugar de utilizarlas como etiquetas para menospreciarlas o descartarlas.

¿Cómo pueden trabajar juntas distintas generaciones de manera consciente? A título personal, puedes tomar medidas proactivas para conectar socialmente con personas de otras generaciones, hacerles preguntas sobre su historia de vida y aprovechar sus fortalezas, talentos, formación y experiencia. De forma más general, las empresas pueden asegurarse de que las prácticas y los programas de formación estén abiertos a trabajadores de todas las edades, crear mentorías intergeneracionales para facilitar el traspaso de conocimientos y contratar talentos de todas las edades.

En definitiva, todo es cuestión de actitud e intención.

SI DE VERDAD VALORAS UN EQUIPO MULTIGENERACIONAL, DEBES ESFORZARTE POR CREAR UNO.

3. APUESTA POR LA INNOVACIÓN

En caso de duda, apuesta por la innovación. A grandes rasgos, esto significa tender hacia lo joven en lugar de a lo viejo.

Sé que he hablado mucho sobre respetar la experiencia y la sabiduría de las generaciones mayores, y no quiero que malinterpretes esto. No sugiero que contrates únicamente a gente joven ni que le des el control de la empresa a la generación Z. En este complicado negocio de construir empresas multigeneracionales, la innovación y la reinvención constante son la clave, por lo que debes poner atención a lo nuevo, lo fresco y lo que está cambiando.

La naturaleza humana tiende a hacer lo contrario, sobre todo cuando has trabajado durísimo para llegar donde estás hoy y sabes que hay mucho en juego. Aunque la iniciativa de construir puentes deberían tomarla personas de todas las edades, creo que los grupos de mayor edad tienen más responsabilidad en este ámbito porque la historia solo fluye en una dirección, al menos hasta que alguien invente una máquina del tiempo. Siempre nacerán y envejecerán nuevas generaciones. Así que, para construir una empresa o un negocio sostenible, hay que darles un lugar a los jóvenes.

Es un ciclo tan antiguo como la humanidad. Con el paso del tiempo, cada vez habrá más trabajadores y clientes más jóvenes que tú, sencillamente porque el tiempo avanza. La pregunta es: ¿avanzarás tú con él? A menos que tengas la intención real de abrirte a un futuro más joven, fresco, nuevo y aterradoramente desconocido, la inercia ganará… y te pasarán por encima.

Me tocó dar una charla en una conferencia en el sector de la salud hace un tiempo y, como parte de mi preparación para el discurso, me reuní con varios ejecutivos y líderes de ese campo. La conversación giró en torno a la tecnología. Me comentaron que estaban introduciendo herramientas en línea para mejorar la comunicación entre el personal y la atención al paciente. Sin embargo, encontraron resistencia entre algunos de los empleados mayores que no querían cambiar su estilo de trabajo solo para satisfacer las preferencias de sus colegas de menor edad.

A medida que avanzaba la conversación, la gran idea que surgió fue que la demografía de sus pacientes también estaba cambiando, no solo la de su personal. No se trataba de satisfacer los caprichos de los compañeros que querían pantallas, aplicaciones y mensajes de texto, sino de atender a una clientela más joven que esperaba y necesitaba tecnología de punta.

Unos días después, esa fue la postura que adopté cuando di la conferencia. No traté de convencer a nadie para que utilizara una aplicación o software nuevo. En lugar de eso, hablé sobre hacer lo que fuera necesario para satisfacer las necesidades cambiantes de sus clientes, lo cual incluía usar las herramientas que ellos comprendieran mejor... y eso implicaba cambio. Para poder atender a los demás, a veces tenemos que dejar de lado lo que nos resulta cómodo y pensar en lo que es mejor.

Las generaciones más jóvenes también tienen que poner de su parte. Como ya he mencionado, las personas mayores aportan mucho y los jóvenes harían bien en escuchar más de lo que hablan y en aprender con humildad. Pero con el tiempo ellos tendrán más edad y el ciclo del cambio y la adaptación se repetirá, por lo que hay que aprender a apostar por la innovación, el cambio y la reinvención.

En esencia, todos necesitamos las mismas cosas, sin importar el año en el que hayamos nacido. En los años cuarenta, el psicólogo Abraham Maslow describió muchas de ellas en lo que se conoce como "la jerarquía de necesidades de Maslow".[45] Estas suelen representarse en una pirámide e incluyen necesidades fisiológicas como la comida, el agua y la vivienda, pero también de seguridad, sociales y de reconocimiento y autorrealización.

Aunque el modelo de Maslow no incluye todas las necesidades humanas, pone de manifiesto un asunto importante: tengamos dieciocho u ochenta y cinco años, en el fondo todos precisamos, queremos y buscamos cosas parecidas. Nos preocupa tanto sobrevivir como prosperar, evitar la muerte y disfrutar de la vida. Pensamos mucho en el dinero, en la comida, los amigos, el amor, en dormir más y hacer las cosas que nos gustan. Nos esforzamos por minimizar el dolor y maximizar el placer. Anhelamos vivir una vida plena y hacer un trabajo que tenga sentido.

Si bien cada generación le da su toque a todo esto, en realidad son los mismos impulsos los que llevan miles de años motivando a los humanos. Detrás de los comentarios y comportamientos extraños de los demás se esconden las mismas esperanzas, miedos y sueños básicos que impulsan los nuestros.

El problema es que es demasiado fácil dejar que la diferencia de edad haga que las personas parezcan menos humanas. Puede ser difícil imaginar que alguien unas décadas más joven o más viejo que tú batalle con las mismas cosas. Tendemos a verlos como "otros", diferentes a nosotros. Pero ellos quieren encajar y gustar, igual que tú. Desean una vida amorosa satisfactoria, igual que tú. Tienen miedo de quedarse sin dinero, igual que tú.

Se necesita voluntad y decencia humana para mirar más allá de las chanclas, los cafés con leche, los selfis, las arrugas, los pantalones de vestir, las deportivas, los emoticonos, la jerga o cualquier otro marcador superficial que desencadene esa respuesta dentro o fuera del grupo. Pero si puedes conectar con personas complicadas a partir de sus necesidades, tendrás mucha más paciencia con la forma en que las expresan y podrán trabajar juntos con más eficacia y cordialidad.

Las personas de cualquier edad —hasta las complicadas— tienen mucho que ofrecer. Así que construyamos puentes en lugar de quemarlos; escuchémonos en lugar de reírnos unos de otros; dialoguemos con otras generaciones en lugar de rechazarlas.

Estamos todos en el mismo barco y en el mismo autobús. Aunque discutamos sobre adónde vamos, cómo llegaremos hasta allí y quién conduce, al final estamos juntos en esto. Seamos veteranos, novatos o algo a la mitad, tenemos que aprender los unos de los otros, apoyarnos y fomentar juntos mejores ambientes de trabajo.

Nuestra colaboración con otras generaciones aumentará o disminuirá dependiendo de cómo podamos comunicarnos con diferentes personas. Pero eso es lo que ocurre siempre que intentamos crear vínculos, ¿no?

Si queremos comprender a las personas complicadas lo suficiente como para trabajar, crecer y tener exito juntos, tenemos que convertirnos EN COMUNICADORES DE PRIMERA.

Ese es el tema que trataremos a continuación.

CAPÍTULO 8

AHORA HABLAS MI IDIOMA

Me encanta escuchar cuando la gente lee sus mensajes de texto en voz alta. Es muy divertido, sobre todo cuando una mujer saca a relucir su lado masculino y lee los mensajes en el tono que ella cree que él utilizó, o cuando un hombre hace su mejor imitación de una mujer y explica cómo cree que ella escribió esas palabras. Casi puedes oír la voz del remitente protestando: "¡Oye, no hablo así!".

Creo que si cualquiera de nosotros escuchara cómo leen en voz alta nuestros mensajes de texto, correos electrónicos u otro tipo de comunicación escrita, muchas veces diríamos lo mismo: "¡No lo he dicho así! ¡Eso no es lo que quería decir! ¡Lo estás malinterpretando! ¡No lo entiendes!".

Pero la comunicación escrita no es lo único que se suele malinterpretar. Puedes estar conversando con cinco personas y, cuando te despides, habrá cinco ideas distintas de lo que se ha dicho y lo que se quería decir.

La realidad es que suele haber una brecha entre lo que sale de nuestra boca y lo que llega a los oídos de otros. Tal vez creamos que somos unos grandes comunicadores y que todo el que nos rodea sabe exactamente lo que queremos decir, pero es probable que eso no sea cierto. La comunicación siempre se ve ligeramente afectada porque somos humanos imperfectos y complicados tratando de transmitir nuestros argumentos al resto.

Esto incluye la comunicación en el trabajo. En nuestra encuesta, el "estilo de comunicación" fue señalado por el 43 % de los encuestados como uno de los tres primeros factores que dificultan trabajar con ciertas personas, mientras que la "comunicación y la formación para gestionar conflictos" fue la sugerencia más valorada para que las empresas reduzcan el impacto negativo de la gente complicada en el trabajo.

> Del mismo modo, en una encuesta de Gallup de 2021,
> solo el 7 % de los encuestados estuvo totalmente de
> acuerdo en que la comunicación en su trabajo era
> "precisa, oportuna y fluida". Eso significa que el otro 93 %
> sentía que había mucho espacio para mejorar en una o
> todas esas áreas.[46]

La comunicación no es un problema nuevo. En 1950, un periodista y escritor especializado en negocios llamado William Whyte publicó un artículo titulado "¿Hay alguien escuchando?" que fomentaba una mejor comunicación en las empresas. Escribió que "creemos que el gran enemigo de la comunicación es la falsa ilusión de que existe".[47] Tanto el título del artículo como esa cita están tan vigentes hoy en día como lo estuvieron entonces. La comunicación es uno de esos temas en los que, en cuanto crees que se te da bien, es probable que no sea así.

No hay un lugar en el que esta brecha en la comunicación sea más evidente —y quizá más peligrosa— que cuando trabajas con personas complicadas. Ya es bastante difícil evitar los malentendidos cuando la persona que está al otro lado del teléfono, el correo electrónico, el mensaje, la mesa de conferencias o la conversación en persona es alguien con quien estás de acuerdo. Cuando tratas con alguien difícil o complicado, es una locura increíble.

Por desgracia, es demasiado fácil desistir en lugar de mejorar la comunicación.

> En nuestro estudio, descubrimos que, aunque el 78 %
> de los trabajadores lidiaba con personas complicadas
> al menos una vez a la semana, solo el 41 % dijo que
> establecía una comunicación fluida "a menudo" o
> "constante" con este tipo de personas. Es decir,

8 de cada 10 tratamos con gente complicada con frecuencia, pero solo 4 de cada 10 nos comunicamos regularmente con ellas. Eso, para mí, es una señal de alerta, y es algo que queremos seguir investigando.

La comunicación fluida debería ser la clave para cualquier interacción con personas difíciles y, a pesar de ello, menos de la mitad de la gente lo hacemos con regularidad. ¿Acaso estas personas están evitando a sus pares complicados? ¿Negándose a relacionarse con ellos? ¿Manteniendo una comunicación lo más breve posible?

Si tratas con personas complicadas con frecuencia, es bueno que replantees tu estilo y tus habilidades de comunicación. En concreto, piensa en dos factores importantes: la dirección y el medio.

Veamos primero la dirección. Dentro de la estructura de tu organización, ¿hablas con las personas que están por encima de ti, por debajo o a tu nivel? Cada dirección exige una estrategia distinta si quieres ser eficaz.

Ahora hablemos del medio. ¿Escribes correos electrónicos, haces llamadas, utilizas entornos laborales virtuales o híbridos o empleas ese método anticuado de hablar con la gente en persona? Cualquier forma de comunicación exige un enfoque distinto.

En las siguientes páginas analizaremos estrategias prácticas para comunicarse con la gente (en especial con la complicada), teniendo en cuenta ambos factores.

LA DIRECCIÓN: ¿SABES CON QUIÉN ESTÁS HABLANDO?

Cuando hablamos de comunicación, saber quién es tu interlocutor lo cambia todo. Basta pensar en cómo dirías algo tan sencillo como "no" a distintas personas. Por ejemplo, a tus padres, tu pareja, tus hijos u otros niños, a ese vecino que te cae bien, a ese que no soportas, a un policía que te acaba de parar... ¿me explico? Lo cambiarías todo dependiendo de a quién le hablas: tu tono de voz, tu postura o tu forma de expresarte.

Cuando en tu trabajo pienses en el "quién", hazlo en la dirección de la relación.

TIENES QUE TENER EN CUENTA SI ESTÁS HABLANDO

HACIA ARRIBA

EN EL MISMO NIVEL

HACIA ABAJO O

Es decir, dentro de la estructura y jerarquía específicas de tu empresa, ¿te estás comunicando con gente que TE DIRIGE, a LA QUE DIRIGES o con quienes están a TU MISMO NIVEL? Dicho de otra forma, ¿estás lidiando con un JEFE COMPLICADO, un SUBORDINADO COMPLICADO o un COLEGA COMPLICADO?

HABLAR CON LOS DE ARRIBA
Conecta con los unicornios

Comencemos con la forma en la que te diriges a tu jefe, directores o ejecutivos de alto nivel. Aunque no sean personalidades difíciles, el simple hecho de que tengan tanto poder en tu jornada laboral, tu cargo y tu trayectoria profesional complica la comunicación. Y si, además, son de por sí complicados… tienes mucho trabajo por delante.

Trabajar para una persona complicada es como tratar de hacer tu trabajo con un brazo atado a la espalda: limita la productividad, juega con la mente y mina la moral.

Como era de esperar, esto tiene consecuencias directas en la retención de empleados. En nuestra reciente investigación, descubrimos que el 44 % de los estadounidenses dejó un empleo porque trabajar con su jefe era demasiado complicado; en el caso de la generación Z, esa cantidad llegaba al 50 %, la cifra más alta en todas las generaciones. Eso me sorprendió. En algún momento, casi la mitad de la población activa prefirió la opción radical de renunciar a su trabajo porque su jefe era increíblemente complicado o no sabía cómo lidiar con él, o ambas cosas.

Supongo que no querrás renunciar cada vez que debas tratar a un jefe complicado, por lo que tendrás que ser capaz de comunicarte con tus superiores. El problema es que acercarse a los peces gordos del trabajo es algo parecido a intentar tener una conversación sincera con un unicornio. Sabes que están por ahí, que son raros, que mejorar tu relación con ellos podría cambiarlo todo… pero ¿verlos en la vida real? ¿Conseguir toda su atención y que te escuchen? Buena suerte.

Es fácil reconocer el problema: da miedo. No eres el único que siente un vértigo terrible cuando presiona "enviar" a ese correo electrónico o entra en la oficina de su jefe. No eres el único que se queda congelado y dice cosas sinsentido cuando entras al ascensor y te encuentras cara a cara con un unicornio en un traje Armani.

Pero quedarse en silencio no es una buena opción a largo plazo. Tienes que enviar tus ideas, tus comentarios y, a veces, hasta señales de auxilio a la cadena de mando, a tus jefes, directores e incluso a los inalcanzables ejecutivos de más alto nivel. Tienes que hablar, y eso implica dirigirte hacia los niveles superiores en el organigrama.

Sé que a algunas personas les da miedo, pero no tiene por qué ser así. Tus líderes son personas igual que tú, y tú sabes cómo hablar con las personas. Lo haces todos los días. Así que vamos a analizar algunas formas de dirigirte a los de arriba.

1. APRENDE A HABLAR EL IDIOMA DE LOS ALTOS CARGOS

Cuando te comuniques con tus superiores, transmite lo que tengas que decir en su mismo idioma. En mi experiencia como *coach*, este es uno de los puntos que solemos enfatizar, en especial con los directivos de nivel medio y superior.

Para comunicarse de forma eficaz con los altos cargos —como directores generales, financieros, de operaciones y de sistemas— y otros líderes de alto nivel es necesario que enmarques tu información o tu petición teniendo en cuenta sus objetivos y preocupaciones, usando, además, términos y conceptos que tengan sentido para ellos. Tu manera de comunicarte tiene que encajar en su perspectiva estratégica de alto nivel.

Una forma de hacerlo es comprender y usar conceptos empresariales clave que les resulten familiares. Es algo más que limitarse a memorizar términos como RSI, KPI, escalabilidad, participación de los accionistas, sustentabilidad, gestión de riesgos y propuesta de valor. Se trata de entender por qué es importante ese lenguaje y adaptar tu conversación para que se ajuste a sus objetivos. Se trata de aprender qué es lo que le importa a la gente de arriba, y después encontrar estrategias para transmitir tu mensaje.

No olvides que tu competencia se está evaluando más de lo que crees. No lo digo para asustarte, sino para prepararte. Hace poco hablé con un ejecutivo que acababa de tener una reunión con la nueva dueña de la empresa, quien le comentó que había una cosa que buscaba en su equipo de líderes: competencia. No necesitaba que todos fueran buenos en las funciones que ella desempeñaba, sino que fueran buenos en las que ellos desempeñaban y que supieran lo que hacían.

Esa es la mentalidad con la que debes afrontar las conversaciones con ejecutivos, jefes, propietarios y cualquier persona que esté en puestos superiores en el organigrama. Si te comunicas desde una posición de competencia y conocimiento, no puedes equivocarte.

2. ANTICÍPATE PARA QUE NO TENGAS QUE PREPARARTE

Uno de los mayores errores que puedes cometer cuando te comunicas con tus superiores es no ir preparado. Quizá pienses en presentaciones de PowerPoint y hojas de cálculo cuando quieres estar listo, pero la preparación debe empezar antes e ir más allá. Aprende a poner atención a las migajas que tus superiores van dejando siempre tras de sí y que muestran qué es lo que más valoran. Así, cuando tengas una conversación o estés preparando una presentación, abordarás con naturalidad las preocupaciones y los objetivos que les importen.

Para ayudar a los equipos a comprender mejor a sus líderes hablaré de tres conceptos: celebrar, impulsar y cuestionar.

¿Qué celebran?

¿Qué elogian tus líderes?, ¿la puntualidad?, ¿la presentación?, ¿la creatividad?, ¿la presencia en redes sociales?, ¿la innovación?, ¿la resolución de problemas?, ¿la iniciativa?, ¿el trabajo duro?, ¿la empatía? Es posible que tus líderes ni siquiera se den cuenta de lo valiosas que son estas cualidades para ellos, pero cuando las perciben, las celebran.

Son pistas. Si puedes averiguar qué es lo que aprecian, puedes adaptar tu conversación. Se trata de una decisión consciente para ponerte en sintonía con ellos, sincronizando tu tiempo, recursos, ideas y atención con los suyos.

¿Qué impulsan?

¿Qué fomentan? ¿Dónde invierten el dinero? ¿A qué partida del presupuesto le prestan más atención? ¿Por qué parámetros preguntan siempre?

Por ejemplo, cuando Mark Cuban adquirió los Mavericks de Dallas en el año 2000, decidió centrase en la experiencia de los aficionados. Asistió a todos los partidos y se sentó muchas veces junto a ellos. Les gritaba a los árbitros y eso le encantó a la gente, pero también se acercaba al control de sonido para asegurarse de que animaran lo suficiente al público. Puso su correo electrónico en la pantalla gigante y revisaba él mismo su bandeja de entrada para ver las ideas que llegaban. Una vez, un fan que se quejaba porque no podía ver el reloj de posesión sugirió colocar tres relojes en los laterales; unas semanas después, la cancha estaba equipada con tres relojes de posesión laterales completamente nuevos. ¿El resultado de todo esto? Tres años después, los ingresos del equipo se duplicaron, las ventas publicitarias se dispararon, la asistencia aumentó considerablemente y, en una encuesta de ESPN, los Mavericks aparecían como el equipo que mejor se relacionaba con sus aficionados.[48]

¿Es ese el único modo de dirigir un equipo? Claro que no. Algunos propietarios abogan por la creación de una cultura ganadora centrándose en construir una dirección sólida y basada en datos. Por otro lado, está la estrategia de hacer grandes inversiones en jugadores estrella, puesto que creen que esa es la clave para ganar campeonatos. Al analizar estos planteamientos tan distintos, no estamos hablando de métodos "correctos" o "incorrectos". Cada uno tiene su forma de hacer las cosas. A donde quiero llegar es que los líderes tienen valores y prioridades, y si queremos simplificar nuestras conversaciones con ellos, debemos comprender cuáles son y cómo se clasifican.

¿De qué se quejan?

¿Qué les incomoda? ¿Qué les saca de quicio? ¿Qué les molesta o los enfada? ¿Qué los decepciona? ¿Qué corrigen o castigan?

Al igual que en los dos puntos anteriores, sus quejas son migajas que te guían hacia una mejor comunicación. Si puedes demostrarles que tu idea o petición está relacionada con sus puntos débiles, te escucharán.

Estos tres conceptos no están precisamente colgados en una pared por ahí, pero si lees los correos electrónicos que envían tus jefes a toda la empresa, podrás identificarlos. Están ahí para quien quiera buscarlos. La cuestión es: ¿estás prestando atención?

Descubrir estas tres cosas es la primera parte de tu tarea. La segunda es estar preparado para hablar de ellas. No te limites a exponer tus problemas, retos o necesidades; aporta dos o tres posibles soluciones y relaciónalas con estos conceptos. A los líderes les gusta.

Por muy complicados que sean tus superiores, adaptar tu mensaje para que coincida con lo que celebran, defienden y de lo que se quejan puede hacer que tus palabras dejen de ser ruido blanco y se conviertan en música para sus oídos.

3. VALORA SU TIEMPO

Para bien o para mal, los profesionales de alto nivel suelen trabajar bajo estrés constante y con plazos muy ajustados. Eso significa que tu comunicación con jefes, directores y altos cargos tiene que ser a la vez sustancial y concisa, es decir, breve, agradable y directa. Para ello, será necesario algo de estrategia y esfuerzo por tu parte.

Por ejemplo, si vas a presentar la propuesta de un proyecto a un ejecutivo, elabora un resumen con viñetas que destaquen los objetivos más importantes, los resultados y los recursos necesarios, pero también prepárate para responder preguntas y entrar en detalles si te lo piden. De esta manera, aprovecharás su tiempo de forma eficiente sin sacrificar la precisión y podrás responder de forma orgánica a sus intereses o dudas, en lugar de intentar imponerles lo que crees que quieren o necesitan oír.

Hablar con los líderes no tiene que ser una experiencia estresante como la de un episodio del reality *Survivor*. Con un poco de preparación, un mensaje claro y la voluntad de expresarte, puedes manejar estas conversaciones como un profesional. Así que haz tu tarea y deja tu huella. A fin de cuentas, si tú no hablas, ¿quién lo hará?

HABLAR DE IGUAL A IGUAL

Cierra la brecha de la comunicación horizontal

Siguiente paso: ¿cómo te comunicas con un compañero complicado? Ninguno de los dos tiene una autoridad directa para mandar al otro, pero están en el mismo lado. Trabajan para la misma empresa y, al final, su colaboración hará que las cosas mejoren o empeoren para ambos.

Cuando pedimos a los encuestados que clasificaran qué función o categoría de personas tendía a ser la más complicada, los "compañeros de trabajo" encabezaron la lista con un 55 % que los incluía entre los dos primeros puestos.[49] Esto no significa necesariamente que los compañeros de trabajo sean los más complicados. Lo más probable es que sea cuestión de estadísticas. Muchas personas tratan más con sus colegas a diario que con gente de otros puestos, así que es ahí donde el problema es más evidente.

> **Es curioso, pero más de la mitad (el 53 %) afirma que tiene más compañeros de trabajo complicados de lo que su jefe o sus líderes creen, y entre la generación Z esa cifra sube al 62 %, la más alta de cualquier grupo de edad. No solo tratan con gente complicada en general, sino que, además, sienten que no cuentan con la comprensión ni el apoyo de sus superiores.**

Justo por eso tienes que saber comunicarte con tus iguales. Permíteme darte algunas sugerencias.

1. COMIENZA CON RESPETO

En el caso de tus iguales, es importante que respetes unas cuantas cosas, como su autonomía, su pericia, su experiencia, sus conocimientos y, por último, sus funciones o su área de responsabilidad.

Eso significa que no debes tratar de controlarlos ni hacer su trabajo por ellos, y no tienes que ser maleducado, aunque creas que se lo merezcan. Puedes hacer sugerencias, sobre todo si su conducta difícil te está ocasionando problemas, pero la verdad es que no puedes forzarlos a hacer nada que no quieran hacer. No puedes aparecer como un torbellino y exigirles que estén de acuerdo con tus ideales.

Aunque te gustaría utilizar tu poder para obligarlos a coincidir, el hecho de que sean tus compañeros te lleva hacia una solución más sana y a más largo plazo: la colaboración respetuosa. Sentirte con dudas o nervios, como si fueras a ofenderlos, no es malo. Te obliga a elegir tus palabras con cuidado y a hablar con educación.

Asegúrate de que el respeto está siempre presente cuando hablen. En lugar de: "estás equivocado", di "yo lo veo desde otra perspectiva". En lugar de "lo has echado todo a perder", prueba con "¿podrías explicar qué estabas pensando en este caso?".

2. PLANTEA BUENAS PREGUNTAS

Como no puedes controlarlos, trata de convencerlos. Pero no lo lograrás hasta que conectes con ellos, y no conectarás hasta que los escuches con atención. En ese complicado proceso, las preguntas son tu arma secreta.

Este método es mucho mejor que aparecer con una lista de diez razones explicando por qué tú tienes razón y ellos no. Con eso solo lograrás ponerlos más a la defensiva, y eso mata las conversaciones. Las preguntas ponen su cerebro a funcionar en una dirección distinta: o bien hacia la resolución de problemas (creatividad) o hacia la conexión personal (relaciones).

En un estudio de Harvard que analizaba cómo el hecho de formular preguntas afectaba a la percepción que las personas tenían unas respecto a otras, los investigadores llegaron a la siguiente conclusión:

"A quienes hacen muchas preguntas —los que buscan información de los demás— se les percibe como más receptivos y caen mejor".[50] También llegaron a la conclusión de que la mayoría de la gente no es así; se limita a hablar de sí misma y promocionarse. Además, añadieron lo que quizá todos podríamos haber adivinado: "Nuestras conclusiones sugieren que la gente no hace suficientes preguntas".

Si estás tratando con un compañero de trabajo complicado, intenta incluir algunas preguntas en la conversación: ¿Qué opinas sobre esta idea? ¿Cómo ves este problema? ¿Alguna vez has pasado por algo así? ¿Cuáles crees que deberían ser nuestros objetivos en esta situación? ¿Qué sugerirías en este caso? ¿Qué peligros ves?

Si consigues que hable, lo más seguro es que acabe teniendo una mejor opinión sobre ti, y eso siempre es una victoria.

3. OBSERVA DÓNDE CHOCAN VUESTROS MUNDOS

Otro factor que mata la conversación es el pensamiento aislado, también conocido como visión de túnel. Esto ocurre cuando todos se centran en lo que les importa a ellos, pero no se fijan en otras personas o departamentos (excepto para quejarse).

Si quieres comunicarte con tus pares complicados con mayor eficacia, trata de encontrar aspectos en los que vuestros mundos se entrelacen y se superpongan. Eso abrirá una puerta de acceso a sus retos y su entorno cotidianos, y es una forma estupenda de mejorar tu conexión con ellos. Es posible que tengas que aprender algunos términos y conceptos nuevos, al igual que cuando hablas con tus superiores.

Mi empresa trabajó una vez con dos altos directivos que nunca estaban de acuerdo, uno era de Marketing y la otra de Sistemas, así que los ayudamos a analizar lo que podrían aprender del mundo del otro. El de Marketing tenía que entender mejor el mundo de la tecnología. Tenía que lograr hablar sobre hardware, software, redes, conciencia de seguridad cibernética, gestión de datos y la nube. La de Sistemas tenía que comprender mejor el mundo de la publicidad. Tenía que hablar de diseño, redacción publicitaria, creación de contenidos, tasas de conversión, tasa de clics y costes de adquisición de clientes. Cuando ampliaron su base de conocimientos, incluso encontraron algo en torno a lo que podían conectar: las herramientas de marketing digital. Aunque sus puntos de vista acerca de estas eran distintos, ambos estaban entusiasmados con lo que podían hacer.

Es probable que tengas más en común con ese colega complicado de lo que piensas. Aprovecha esos aspectos como puntos de conexión para fomentar la confianza y construir puentes.

HABLAR CON LOS DE ABAJO
Cómo comunicarte como un líder

Sin importar cuál sea tu cargo oficial como líder, en términos de comunicación, todos los líderes son el "director de repeticiones". Sé que es difícil de creer, pero que tú lo hayas dicho no significa que ellos lo hayan escuchado. Que esté en tu sitio web no significa que lo tengan en mente, y solo porque lo veas impreso en una pared no significa que esté integrado en su comportamiento.

Lo repito: tu nuevo puesto es director de repeticiones. Tatúatelo en el cerebro. ¿Por qué? Porque si quieres liderar con eficacia, vas a tener que repetirte mucho, y no porque te encante oír tu voz, sino porque la repetición es la clave para conseguir que tu mensaje llegue a la gente, sobre todo cuando supervisas a empleados complicados o a subordinados directos. A veces tienes que decir lo mismo una y otra vez. Varias veces. Hasta la saciedad. *Ad infinitum. Ad nauseam.*

Los mejores directores de repeticiones son aquellos que saben cómo decir lo mismo de formas distintas. La gente necesita escuchar las cosas en su propio idioma, con palabras que ellos entiendan y de manera que les despierte el interés de aplicarlas en su día a día. A lo mejor temes que eso te haga sonar como un disco rayado. Para nada. Al contrario, te convertirá en un buen comunicador. Son dos cosas distintas.

Por cierto, cuando analizamos los datos sobre la frecuencia con la que los empleados, directivos y ejecutivos se relacionaban con personas complicadas, observamos que los jefes solían indicar que trataban con un mayor número de personas complicadas, y que además lo hacían con más frecuencia que los empleados o los ejecutivos. Esto tiene sentido porque los directivos se encuentran en el centro del organigrama. Tienen que relacionarse de manera regular con personas que están a su nivel, por encima y por debajo de ellos.

Si eres jefe, entiendo tu dolor. Pero al menos sabes que no estás solo.

Tanto si eres ejecutivo, directivo o cualquier otra persona encargada de gestionar personal complicado, la buena noticia es que la comunicación con tus subordinados, al igual que las otras cuestiones que he tratado, puede mejorarse con que pongas solo un poco de tu parte.

Esto es importante a la hora de definir la visión, la misión y los valores. También lo es cuando se fijan objetivos, explican procesos, establecen expectativas, formas a nuevos empleados o retienes a los antiguos. Pero , por encima de todo, es importante cuando se abordan temas complicados, como cambios, despidos y las temidas reuniones sobre "no estamos alcanzando nuestros objetivos". Estas son las conversaciones difíciles que sacan a relucir lo "complicado" de cada uno.

Entonces ¿cómo comunicarse eficazmente con una persona complicada que está a tu cargo? ¿Cómo compartir noticias delicadas con tus subordinados sin provocar una revuelta ni que todo el mundo tenga que actualizar su perfil de LinkedIn en sus móviles cuando van al baño o están en un descanso?

1. SÉ SINCERO

No te andes con rodeos. No des vueltas ni suavices las cosas. La gente tiene cerebro y sentimientos y merece que se le trate bien. Da igual que estés hablando sobre un tema difícil o que estés hablando con alguien difícil, recuerda que son inteligentes y conscientes; trátalos como se merecen.

A principios de 2024, Nike se vio obligada a despedir a más de 1.600 empleados de su plantilla. El director ejecutivo John Donahue les escribió lo siguiente en un memorándum: "Es una dolorosa realidad y no es algo que me tomo a la ligera". Añadió que "hoy por hoy no estamos rindiendo al máximo y, en última instancia nos considero responsables tanto a mi equipo de dirección como a mí".[51] Sin mentiras. Es terrible tener que dar una noticia así y no hay una forma fácil de hacerlo. Pero esa es una forma clara, respetuosa y humilde de lograrlo, y ese siempre es el mejor camino a seguir.

2. SÉ CLARO

No utilices mucha jerga cuando abordes un tema espinoso, así no parecerá que se les ocurrió a los abogados en una de sus charlas con ChatGPT. No quieres que al final todos se queden preguntándose: "¿Pero qué ha dicho?". Tanto si te enfrentas a un tema o a una persona complicados o a ambos, te conviene hablar con términos sencillos.

3. SÉ CREATIVO

¿Sabes cuándo se interesa la gente por algo? Cuando ven los motivos por los que les afecta. En lugar de limitarte a arrojar cifras y gráficas, cuenta historias. Muestra el impacto humano. Conecta con las motivaciones de las personas. ¿Qué necesitan? ¿Qué quieren? ¿Qué temen? ¿Qué les emociona?

4. SÉ POSITIVO

Ofréceles una luz al final del túnel, sobre todo cuando vas a comunicar un cambio o les vas a pedir que hagan algo que no les emociona demasiado. Ayúdales a ver que el reto o la dificultad a los que se enfrentan no durará para siempre y que sus esfuerzos, sacrificios y crecimiento merecerán la pena.

Recuerda que, en el fondo, la forma en la que trates a la gente será probablemente el mayor mensaje que puedas enviar a tu equipo. Tu trabajo es inspirar, orientar y, a veces, repetir las cosas más veces de lo que te gustaría. Ahora, sal y comunícate como un jefe (es lo que eres, ¿no?).

EL MEDIO: USA LAS HERRAMIENTAS CORRECTAS ADECUADAMENTE

Para algunas personas, "herramientas" evoca al instante imágenes de sierras, taladros y otros utensilios de reparación. Déjame decirte que yo nunca intentaría arreglar algo en mi casa a menos que hubiera un apocalipsis y no hubiera nadie disponible. Aunque, en ese caso, la reparación del hogar no sería una prioridad, así que seguiría sin intentarlo. Las reparaciones no son lo mío. Las herramientas me generan de todo menos amor. Supongo que podría intentarlo si fuera necesario, pero la verdad es que no quiero hacerlo y no me importa reconocerlo.

Pero sí sé esto: hay una forma adecuada de usar cada herramienta… aunque ni siquiera sepa qué es cada una. Si en algún universo alternativo planeara construir una terraza o instalar un sistema de aspersores, me gustaría saber cómo usar cada herramienta que se necesita.

Esto también es pertinente para la comunicación, que es un tema con el que me siento mucho más cómodo. A diferencia de las reparaciones en el hogar, la comunicación sería indispensable durante un apocalipsis, pero no es ahí donde quiero llegar. Me refiero a que cada forma de comunicación tiene formas "correctas" de emplearse. Todas tienen sus códigos y hay consejos, trucos y atajos para sacarles el mejor provecho.

Es importante saber estas cosas para cualquier tipo de comunicación, pero se convierten en vitales para hablar con gente complicada.

Aunque un capítulo de un libro, por muy cargado de información que esté, no alcance a cubrir todos los medios que existen, me gustaría repasar tres de las herramientas de comunicación más importantes del mundo laboral:

- **Videollamadas**
- **Correos electrónicos**
- **Interacciones cara a cara**

Empecemos con la última en llegar a la caja de herramientas de la comunicación: la archiconocida videollamada.

VIDEOLLAMADAS

Cómo entrar a las reuniones por Zoom sin perder la cabeza (o sin usar pantalones)

Para muchas personas durante la pandemia, el trayecto a su lugar de trabajo pasó de evitar a los malos conductores en las avenidas a evitar a las mascotas y a los niños pequeños en su camino a la oficina de la casa (más conocida como la mesa del comedor), y las interacciones cara a cara fueron sustituidas por las reuniones por Zoom. La pandemia vino y se fue, pero las videollamadas llegaron para quedarse. Dominar el arte del Zoom (o Webex, Google Meet o Microsoft Teams) se ha convertido en una habilidad esencial para sobrevivir en el mundo laboral.

> **Según nuestro estudio de 2024, casi la mitad (el 44 %) de la población activa estadounidense trabaja desde casa a media jornada o jornada completa. Esa es una cifra muy alta, pero no creo que sorprenda a nadie. Aunque el entorno laboral tradicional no ha muerto (el otro 56 % sigue asistiendo de manera presencial a las oficinas), no creo que se pueda ignorar el hecho de que el panorama está cambiando más rápido de lo que cuesta decir "tu micrófono está apagado".**

> **Esta tendencia aumentará. Un artículo de *Forbes* de 2023 reveló que casi todos los trabajadores (el 98 %, para ser exactos) preferiría trabajar de manera remota al menos media jornada,[52] y estoy seguro de que este deseo universal va a influir muchísimo en los empleadores a medida que tengan que cubrir nuevos puestos.**

¿En qué te afecta esto? En que tendrás que saber cómo moverte por entornos virtuales, que ya de por sí son enrevesados, pero su dificultad aumenta cuando hay personas complicadas al otro lado de la pantalla. De pronto estás tratando con gente difícil, sobre temas poco agradables, usando una herramienta compleja. Qué divertido.

En vista de que muchas empresas están adoptando modelos híbridos o totalmente remotos, veamos cómo puedes destacar en este juego virtual.

1. TRABAJA EN TU CÓDIGO DE VESTIMENTA: PROFESIONAL (O ALGO ASÍ) EN LA PARTE SUPERIOR, DE FIESTA EN LA INFERIOR

¿Alguna vez incumpliste por completo el código de vestimenta? Todavía estoy tratando de averiguar qué significa *business casual*. He llegado a conectarme con chaqueta y corbata solo para encontrarme con un grupo de líderes del sector tecnológico de Silicon Valley vestidos con sudaderas. Pasé los primeros treinta segundos de esa reunión decidiendo si quería defender mi atuendo o fingir que acababa de llegar de una importante reunión presencial. Por otro lado, no hay nada como treinta trajes y corbatas mirándote con ojos críticos mientras estás cómodamente sentado con un suéter de cuello redondo y unas Crocs.

No soy estilista, pero sí te puedo decir que mi combinación favorita es un suéter con cremallera de tres cuartos sobre una camisa. Piensa en el look de un presentador de las noticias: nadie tiene por qué saber si llevas puestos pantalones de pijama o (mi favorito) unos pantalones de baloncesto de Nike.

Ya sé que el código de vestimenta no será lo primero que te venga a la mente cuando pienses en una llamada por Zoom con una persona o un equipo complicados, pero en una videollamada, no hay mucho donde mirar salvo las caras de los demás, la gente va a buscar indicios visuales para confiar o desconfiar de ti, así que conoce a quien va a estar al otro lado... y no te presentes a una reunión vestido como si fueras a una fiesta de playa virtual.

En este caso, tu objetivo es usar un atuendo idóneo para la ocasión y sentirte seguro. Llevar una vestimenta adecuada para la reunión genera confianza y cercanía, y estar cómodo te permite dar lo mejor de ti mismo en la reunión. Por lo tanto, en cualquier reunión, pero en especial en aquellas que puedan ser un poco delicadas, estúdiate bien el código de vestimenta.

2. APRENDE CUÁNDO ESCUCHAR Y CUÁNDO HABLAR

Uno de los retos de la comunicación virtual es asegurarse de que se oigan todas las voces, incluida la tuya. Por un lado, es fácil pasar por alto a alguien o quedarse callado o desconectado en una esquina. Por otro, unos pocos pueden dominar o interrumpir la conversación y acabar desviando la reunión.

La forma en la que te relacionas con gente complicada depende de algún modo de si eres tú quien dirige la reunión, pero sea cual sea tu papel, céntrate en tomar conciencia. Intenta fijarte en todas las personas presentes, no solo en los que están hablando. Interpreta su lenguaje corporal (el de la parte superior, claro, porque eso es todo lo que puedes ver). Invita a los más callados a que hablen, no esperes a que tomen la iniciativa. Usa herramientas como las encuestas y las reacciones para asegurarte de que todo el mundo está en el mismo punto. Fija las normas y las expectativas relacionadas con los límites de tiempo y de habla, para que nadie se ofenda. Fomenta que la gente tenga la cámara encendida (o exígelo), si corresponde.

En los entornos virtuales, la escucha activa puede ser tu superpoder. Asentir con la cabeza, emitir los típicos soniditos que indican "estoy escuchando" o plantear una pregunta bien pensada pueden ser los gestos que sirvan para fomentar un buen ambiente de colaboración. Estás comunicando "te veo y tus ideas importan", sin tener que decirlo.

3. DOMINA TU PLATAFORMA

Aprende los entresijos de tu plataforma virtual como la palma de tu mano, ya sea para compartir tu pantalla sin mostrar las pestañas incómodas de tu navegador o para usar esos prácticos emoticonos con los que puedes reaccionar sin interrumpir a nadie. A fin de cuentas, tu plataforma virtual es una herramienta, lo que significa que puedes aprender a usarla. No dudes en pedir ayuda o dedicar tiempo a investigar en internet si tienes algún problema.

Es importante que centres la mayor parte de tu atención en las personas, no en la herramienta. Claro, esto es lo ideal en cualquier caso, pero se vuelve vital cuando estás en una videollamada con colegas complicados.

En lugar de pelearte con el medio virtual, colabora con él. Apóyate en él. Aprovecha las ventajas que ofrece un espacio virtual; no te quejes de lo que no tiene.

4. PROCURA QUE TU PRESENTACIÓN SEA INTERESANTE

Intenta que tus contribuciones y conversaciones sean tan atractivas como si estuvieras encarnando a Steve Jobs cuando presentó el iPhone. Muéstrate animado, habla con confianza, usa apoyos visuales, plantea una encuesta interactiva o comparte un meme para ejemplificar tu argumento. Recuerda que la participación es la moneda de cambio en el mundo virtual. Tu competencia es algo más que el simple aburrimiento: también es el gatito tirando el florero justo al borde de la mesa o el repartidor de Amazon llamando a la puerta.

En definitiva, dominar tu realidad virtual consiste en estar presente cuando no estás... presente. Parte de esto se reduce a sacar el máximo partido de tu plataforma digital, como ya he mencionado, pero gran parte tiene que ver con tu mentalidad, tu lenguaje corporal y tu tono de voz. Haz que la gente se olvide de que está al otro lado de una pantalla; que estén tan entretenidos y comprometidos que no noten la mirada de su pareja mientras saca la basura que tenía que haber sacado anoche, o el pitido del microondas por enésima vez, porque alguien olvidó que estaba calentando la cena.

5. COMUNÍCATE DE MÁS

Aunque tus compañeros de trabajo virtuales podrían no reconocerte si te vieran en el supermercado, puedes lograr que te recuerden y ser eficaz si te comunicas continuamente. No en el sentido de "bombardear el Slack a todas horas", sino manteniendo al tanto a tu equipo sobre tus proyectos y reflexiones. Si consigues ser la persona que aporta la claridad al caos, te convertirás en alguien tan indispensable como lo era antes la fotocopiadora de la oficina.

Aquí es donde las herramientas digitales como Zoom o Teams brillan en todo su esplendor. Seguro que ya escuchaste la queja de "esta reunión podía haber sido un correo", pero las videollamadas pueden situarse en medio de esos dos extremos, puesto que fusionan la "sensación" de reunión con la comodidad del correo electrónico.

Cuando tratas con gente complicada, el vídeo te ofrece la oportunidad de comunicar tu interés, sinceridad y humanidad de un modo que los correos electrónicos e incluso las llamadas telefónicas no pueden. La persona tiene la oportunidad de leer tu lenguaje corporal y tu tono, lo que puede ser muy valioso cuando se trata de interacciones delicadas. Sé que es tentador reducir el contacto con estas personas y limitarse a enviar correos o mensajes de texto cortos, pero considera la posibilidad de utilizar esta herramienta para comprometerte más.

El arte de la comunicación virtual es como un delicado baile: un aspecto pulcro (al menos de cintura para arriba), hacer que tu presencia se note en la pantalla sin perder la cordura en el intento. Para movernos cómodamente por este mundo laboral híbrido, recuerda: la flexibilidad, la creatividad y un poco de humor son tus mejores aliados.

Así que viste con orgullo tu pantalón de pijama de superhéroes durante tu próxima llamada por Zoom, siempre que la cámara no te delate. Un brindis por seguir triunfando en el trabajo desde casa, con o sin micrófonos silenciados.

LA COMUNICACIÓN ESCRITA

Guía para redactar correos electrónicos que capturen la atención de los demás

La mayoría de los correos electrónicos de trabajo son, en el mejor de los casos, un aburrimiento y, en el peor, un rompecabezas confuso. Es como si todo el mundo olvidara de repente cómo comunicarse en cuanto abre su aplicación. Pero no temas, porque redactar correos que no hagan que tus compañeros quieran pulsar "eliminar" más rápido de lo que puedes decir "como explico en mi último correo" es un arte que cualquiera puede dominar.

1. EXTENSIÓN

En primer lugar, la brevedad es el alma del ingenio, y más en la bandeja de entrada. Algunas personas creen que ayudan al escribir párrafos larguísimos, pero seamos realistas: nadie tiene tiempo de leer *Guerra y paz* en horas de trabajo. Si tu correo es más largo que un vídeo de TikTok, ya has perdido. Ve al grano.

Por otro lado, no te vayas al otro extremo y te vuelvas un maestro de frases crípticas breves que dejan a todo el mundo preguntándose qué quieres. Encuentra el punto medio, como una publicación en redes sociales perfectamente redactada, concisa pero informativa.

Si tu correo es más largo que una novela de detectives, mejor utiliza el teléfono o ve a caminar por el pasillo. No te escondas tras la pantalla si una conversación frente a frente es más efectiva para transmitir tu mensaje.

2. TONO

La comunicación escrita suele conllevar dos peligros. En primer lugar, es más fácil decir cosas negativas cuando no podemos ver al lector (de ahí la toxicidad de las interacciones virtuales). En segundo, es muy fácil malinterpretar la comunicación escrita. Todo se ve más tenebroso con letra impresa. Junta esas dos realidades y tienes la receta perfecta para la comunicación complicada.

¿Cómo contrarrestarlo? Redacta el correo con ánimo positivo para que no resulte más negativo de lo que pretendías. Si estás en el lado receptor, opta por creer en las mejores intenciones del emisor y trata de aclarar las dudas.

Además, ten en cuenta que los miedos y las frustraciones siempre encuentran un modo de colarse en nuestra forma de escribir, tal como ocurre con el lenguaje corporal y el tono de voz cuando hablamos. No se trata de lo que escribimos, sino de cómo lo hacemos. Fíjate en el siguiente ejemplo:

Asunto: Recordatorio
fecha límite del proyecto

Apreciado equipo:
Estoy seguro de que todos saben que la fecha de entrega de nuestro proyecto es el próximo viernes. He observado que algunos aún tienen que enviar su parte. Aunque entiendo que todos estamos ocupados, es importante recordar que el trabajo de cada uno de nosotros es crucial para que el proyecto tenga éxito. Tratemos de cumplir los plazos de ahora en adelante.

Un saludo, [Tu nombre]

Este correo electrónico es aparentemente educado y profesional, pero ¿captaste el trasfondo de frustración y reproche? Si fueras el destinatario, te sentirías como si te estuvieran regañando, te preguntarías cuál de los miembros de tu equipo lo está arruinando todo o pensarías que tu jefe está siendo, como siempre, un gruñón. Aquí tienes una versión ligeramente revisada del mismo correo electrónico.

Asunto:
Apoyo para terminar el proyecto

Apreciado equipo:
Espero que estéis bien. Como ya casi estamos a viernes, el día que hay que entregar nuestro proyecto, quería ofrecer mi apoyo a cualquiera que necesite ayuda con su parte. Comprendo que todos tenemos distintas responsabilidades y agradezco el trabajo y la dedicación de cada uno de vosotros para llevar este proyecto a buen término. Si estáis teniendo algún problema o puedo hacer algo para ayudar, no dudéis en poneros en contacto conmigo.

Saludos cordiales, [Tu nombre]

Este correo sigue teniendo la sensación de urgencia y responsabilidad, pero en lugar de acusar a la gente de una forma pasivo-agresiva, ofrece apoyo. En lugar de distanciar, ofrece colaboración. En lugar de destacar los fallos individuales, se centra en el éxito del equipo.

Hay muchas afirmaciones que pueden dar una sensación negativa. Probablemente alguna de ellas ya te ha hecho reaccionar.

EN LUGAR DE...

No he recibido respuesta a mi último correo. → Sé que a veces se puede pasar por alto un correo, ¿te importaría ponerme al día sobre este asunto?

No sé si te diste cuenta, pero... → Me gustaría hacer hincapié en...

Solo quería recordarte amablemente... → Estoy haciendo un seguimiento de...

No sé si esta era tu intención, pero... → He notado una discrepancia sobre la que quizá tengamos que hablar...

Está bien, lo hago yo. → Comprendo que esto puede ser difícil. ¿Cómo podemos resolverlo juntos?

Para que lo tengas en cuenta en el futuro, normalmente nosotros... → Uno de nuestros procedimientos suele ser... Esto nos ayuda a garantizar la coherencia y la calidad.

No estás escribiendo con extrema precaución, tan solo estás siendo considerado con la persona que recibe tu correo.

3. PERSONALIDAD

Pasemos ahora a la crisis de personalidad que afecta a la mayoría de los correos de trabajo. Sí, es trabajo, pero eso no significa que debas sonar como un robot programado para matar de aburrimiento a todos. Inyectar un poco de personalidad no significa llenar el texto de emoticonos (por favor, no lo hagas), ni terminar cada frase con signos de exclamación (¡por favor, no!), ni acechar las redes sociales de alguien para comentar sus actividades del fin de semana (es un poco raro), significa dejar entrever un poco de tu lado humano y reconocer al destinatario como otro ser humano. Un poco de cordialidad ayuda mucho a que los mensajes no parezcan enviados por el señor supremo corporativo. Un simple "espero que hayas pasado un buen fin de semana" o "enhorabuena por haber terminado ese gran proyecto" puede hacer que tu correo pase de "marcado como leído" a leído de verdad.

4. CLARIDAD

La claridad es tu mejor aliada. Si hay algo peor que un correo aburrido, es uno que te deja más confundido de lo que estabas cuando empezaste a leerlo. No supongas que todo el mundo lee tu mente. Expón con claridad lo que quieres, por qué lo quieres y para cuándo lo quieres y, en nombre de la eficiencia, no olvides que las viñetas son tus aliadas. Son un atajo hacia la claridad y la concisión, así que úsalas.

Alguien dijo una vez que "no basta con escribir para que te entiendan; hay que escribir para que nadie te malinterprete". No podría estar más de acuerdo. Piensa en cómo se recibirá tu mensaje, en particular, cómo lo hará la gente complicada, y céntrate en dejar todo claro.

Escribir correos electrónicos tiene que ver con la conexión y la comunicación a nivel humano, no con gritar tu mensaje hacia el vacío digital y esperar que los destinatarios entiendan la idea. Comunica tu mensaje con una extensión eficaz y eficiente, y usa un tono positivo y respetuoso. Dale un toque personal y asegura la claridad.

INTERACCIONES CARA A CARA:
Conversación para los demás

Aunque la pandemia nos enseñó a usar mejor Zoom, nos perjudicó en lo relacionado con las conexiones cara a cara. Una encuesta de 2023 con más de 1.500 líderes empresariales indicó que más de seis de cada diez empresas estaban planificando ofrecer formación sobre asuntos de etiqueta para 2024, en donde enseñarían temas como la cortesía al hablar, la vestimenta profesional, la redacción de correos electrónicos y el contacto visual.[53]

Elaine Swann, fundadora de la Escuela de Protocolo Swann, dice que cuando la gente trabajaba desde casa, "no se estaban utilizando las habilidades interpersonales necesarias para mantener la armonía en el trabajo. [...] Usar esas habilidades es casi como un músculo. Si no lo ejercitas, puede debilitarse".[54]

En el ámbito laboral, el mundo pospandémico necesita recuperar sus modales. Por supuesto, incluso antes de la pandemia estos temas no eran siempre fáciles de tratar, y algunos tenemos más dificultades que otros. Como mencioné anteriormente, yo soy introvertido. A algunas personas les sorprende, dado que mi trabajo consiste en hablar frente a miles de personas, en ocasiones varias veces a la semana. Hablar frente a una multitud me resulta mucho más fácil y menos agotador que ese temido monstruo: la conversación trivial.

He tenido que esforzarme para convertirme en un conversador. Lo más probable es que tú también tengas que hacerlo. Aunque seas extrovertido por naturaleza, habrás tenido que perfeccionar tus habilidades para interactuar con otras personas desde que empezaste a hablar.

A pesar del predominio de las reuniones digitales y el correo electrónico, muchos seguimos dedicando una cantidad considerable de tiempo cada semana a estar físicamente con las personas con las que trabajamos.

ESO SIGNIFICA
QUE TENEMOS QUE
FORTALECER NUESTROS
"MÚSCULOS"
DE HABILIDADES
SOCIALES
SI QUEREMOS
CONECTAR Y TRABAJAR
EFICAZMENTE
CON LOS DEMÁS.

En concreto, tenemos que aprender a:

1. USAR LA CHARLA TRIVIAL PARA GENERAR CONFIANZA

Los seres humanos somos criaturas sociales. Generamos confianza con cada interacción. Eso significa que cada vez que nos encontramos con alguien en el pasillo es una oportunidad para fortalecer tu conexión con personas con las que quizá tengas algunas dificultades, como las complicadas de las que hemos estado hablando.

No hace falta que seas el alma de la fiesta, pero tampoco tienes que centrarte exclusivamente en el trabajo. No consideres las conversaciones informales como una distracción o un deber, mejor aprovéchalas para crear un clima de confianza con la gente complicada, conectando mediante pequeñas cosas: el clima, los deportes, la calidad (o la falta de ella) de la comida de la cafetería. Así tendrás al menos una pasarela de conexión cuando surjan problemas más complejos.

Si la conversación trivial te supone un gran problema, aquí van algunas sugerencias:

- **TEN A MANO ALGUNOS TEMAS DE CONVERSACIÓN. Apóyate en los de actualidad o en cualquier equipo deportivo que vaya bien en tu ciudad.**

- **HAZ PREGUNTAS ABIERTAS. "¿Qué habéis hecho el fin de semana?" o "¿Qué te gusta hacer?". Procura que hablen ellos y quítate la presión de encima.**

- ## CUENTA TU VIDA EN PEQUEÑAS DOSIS.
  No compartas más de lo necesario, pero tampoco tengas miedo de mencionar cosas de tu pasado o de tu vida personal que te acerquen más.

- ## ACEPTA QUE HABRÁ PAUSAS.
  No hace falta llenar cada momento con palabras.

- ## ACEPTA TU PERSONALIDAD.
  Todo lo que te hace introvertido, como la reflexión y la observación, puede volverte un gran conversador.
  No es necesario que domines la conversación para resultar interesante.

- ## NO LE DES DEMASIADAS VUELTAS.
  Es probable que la gente piense menos en ti de lo que tú crees y no va por ahí todo el día recordando ese chiste que intentaste contar y nadie entendió.
  Relájate, sé simpático y diviértete.

2. DESCIFRAR EL CÓDIGO DEL LENGUAJE CORPORAL

El lenguaje corporal es la manera no verbal que tenemos para comunicarnos, como expresiones faciales, gestos, posturas, movimientos, contacto visual, espacio personal, contacto y (al menos, según algunas definiciones) tono y volumen de la voz.

Los expertos calculan que estas señales representan del 60 al 70 % de la comunicación humana, y las investigaciones muestran que los mensajes no verbales suelen ser más creíbles que los verbales,[55] lo cual quiere decir que cuando lo que digo con la boca no corresponde a lo que digo con el cuerpo, es probable que la gente le crea al cuerpo.

¿Cuántas de estas señales no verbales puedes reconocer e interpretar al instante?

- Ceño fruncido
- Sonrisa
- Encogerse de hombros
- Guiñar un ojo
- Gesto de fastidio
- Brazos cruzados
- Pulgar hacia arriba
- Ojos en blanco
- Manos en la cintura

- Movimientos inquietos
- Afirmación con la cabeza
- Bostezo
- Inclinarse hacia delante
- Recostarse
- Alzar las cejas
- Labios fruncidos
- Puños apretados
- Ojos muy abiertos

Es muy probable que hayas visualizado cada gesto enseguida. Identificamos los pensamientos y sentimientos de los demás de forma instintiva cuando leemos "la parte silenciosa", aquella que no expresan en voz alta, pero transmiten por medio de su lenguaje corporal.

Básicamente estamos leyéndoles la mente. Eso es un superpoder, si aprendemos a hacerlo bien.

En los momentos de mucho estrés es fácil olvidarse del lenguaje corporal. Por ejemplo, si estás dando un discurso o haciendo una presentación importante, intenta bajar el ritmo e interpretar a las personas que hay en la sala; luego responde en consecuencia. Si están a la defensiva, asustados o confundidos, no sigas adelante con lo que habías planeado decir. Da un giro. Haz preguntas. Resuelve dudas. Consigue que estén en sintonía contigo antes de seguir adelante. Si no lo están, lo mejor que puedes hacer es detenerte en ese instante, pues dejarán de escucharte o discutirán contigo en su cabeza, y ninguna de esas dos opciones es una comunicación positiva.

También puedes usar el lenguaje corporal a tu favor. La clave vuelve a ser que tomes conciencia. Cuando estés en medio de una conversación difícil con una persona complicada, presta atención a lo que estás comunicando con tu postura, tus expresiones y tus gestos. ¿Pareces retraído?, ¿agresivo?, ¿dubitativo?, ¿enfadado?, ¿preocupado?, ¿desanimado?

Aunque no se puede "fingir" el lenguaje corporal, al menos no durante mucho tiempo, lo que sí puedes procurar que el cuerpo se ajuste a lo que quieres comunicar. Intenta descruzar los brazos, sonreír, relajar el rostro, hablar más despacio, abrir los ojos, adoptar una postura más abierta, asentir con la cabeza y cualquier otra cosa que transmita apertura y colaboración.

3. RECORDAR QUE LOS MODALES IMPORTAN

Seguro que a los niños pequeños les parece que los buenos modales y la etiqueta son solo unas normas inventadas que hay que seguir, pero los adultos (deberían) saber que no es así. Sirven para mostrar respeto y actuar de forma adecuada.

"Adecuada" es la palabra clave en este caso. Por ejemplo, en un partido de baloncesto se espera que grites, pero no lo harías en un restaurante, aunque no haya un cartel en la pared que diga "Prohibido gritar". ¿Por qué? En algún momento, seguro cuando eras pequeño, te enseñaron que es inapropiado e irrespetuoso.

Algo parecido ocurre cuando hablas con gente en el trabajo: existen normas de conducta implícitas que nos ayudan a llevarnos bien. Varían dependiendo de la cultura, la empresa y los equipos; eso significa que debes prestar atención. Las preguntas que te interesa responder son: ¿Qué se considera respetuoso? ¿Qué se considera apropiado?

Aunque los buenos modales son importantes para todo el mundo, lo son más cuando tratas con gente complicada por dos motivos: el primero, porque estas personas son más propensas a sacarte de quicio y hacerte olvidar tus modales; el segundo, porque son más propensas a ofenderse o enfadarse si tú les faltas al respeto.

Estos son algunos consejos que te ayudarán a tener buenos modales durante una conversación:

- **MANTÉN EL CONTACTO VISUAL CUANDO HABLES CON ALGUIEN.**
  No te pases el tiempo revisando el móvil o el reloj ni te quedes con la mirada perdida en el horizonte.

- **NO INTERRUMPAS.**
  Esto es superimportante. Si no puedes dejar que alguien termine lo que está diciendo, ¿para qué estás hablando con esa persona? Al parecer, ya lo sabes todo... o al menos eso es lo que pensarán de ti.

- **EVITA HACER BROMAS O COMENTARIOS DESPECTIVOS, GROSEROS O VULGARES.**
  Mantén la profesionalidad.

- **DIRÍGETE A LA GENTE POR SU NOMBRE.**
  (Además, pronúncialo y deletréalo correctamente). A todo el mundo le encanta oír su nombre.

- **RECUERDA SU CARGO.**
  A todos les suele importar su puesto, su autoridad y su cargo incluso cuando hablan con amigos. No hace falta que te humilles, pero cuidado con mostrarte demasiado cercano, podrías pasarte de la raya.

- **ESCUCHA MÁS Y HABLA MENOS.**
  Ten en cuenta el equilibrio, céntrate en la conversación y desvía el tema de forma intencionada hacia los demás.

Tanto si estás en una llamada de Zoom con alguien al otro lado del mundo, redactando un correo para algún colega complicado o charlando en el pasillo de la oficina, es importante cómo te comunicas. Elige la herramienta adecuada para el trabajo y úsala de la manera correcta.

Y recuerda, la dirección también importa. ¿Estás hablando con los de arriba? ¿Los de abajo? ¿Con tus iguales? Pon atención a las dinámicas y complejidades de tus relaciones.

Hay un dicho que reza: "Cada cabeza es un mundo". Se suele emplear cuando alguien acaba de hacer algo desconcertante. Es una forma de decir: "No tengo ni idea de por qué ha hecho eso, pero supongo que para él tenía sentido".

Pero ¿por qué conformarse con eso? Tienes una caja de herramientas llena de maneras de ver qué es lo que pasa por la cabeza de los demás. Si te centras en comunicar, creo que puedes encontrar formas eficaces de conectar y colaborar con (casi) cualquier persona.

Hasta ahora hemos hablado acerca de trabajar con colegas complicados que están por encima (como jefes y propietarios), por debajo (los que dependen de ti) y a tu nivel (compañeros).

A continuación nos fijaremos en una dirección más complicada:

el exterior.

CAPÍTULO 9

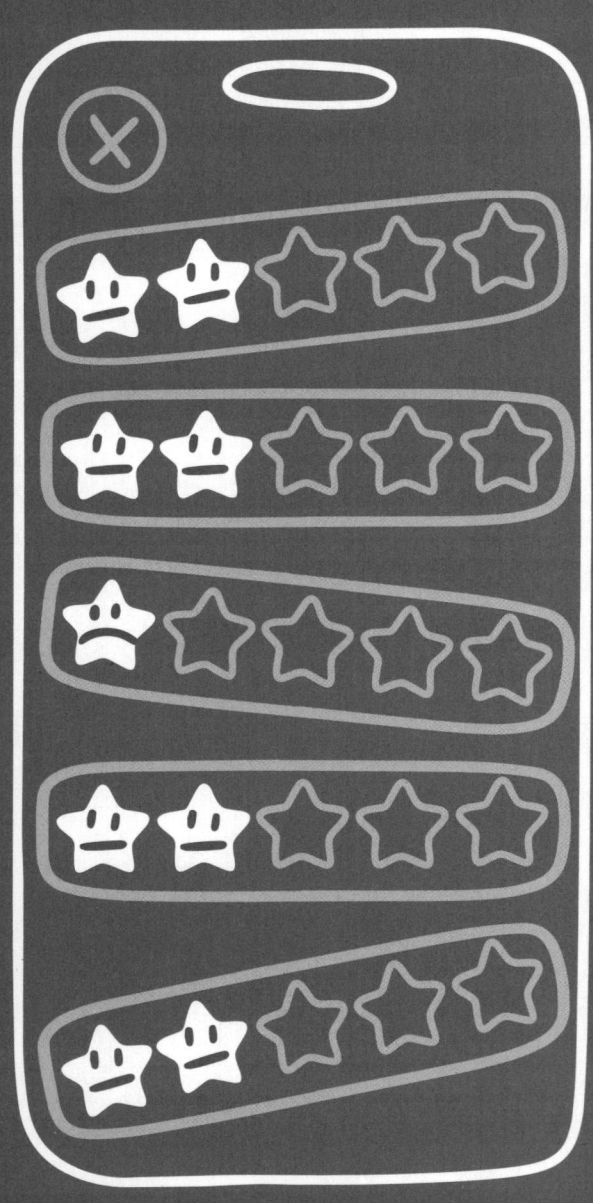

EL CLIENTE NO SIEMPRE TIENE LA RAZÓN

Vamos a dejar algo claro: el cliente NO siempre tiene la razón. Tampoco el paciente, el consumidor, el suscriptor, el usuario, el fan, el pasajero, el patrón, el miembro o el seguidor.

El cliente no siempre tiene razón si insiste en que "colines ilimitados" significa que debes encargarte gratis del *catering* de su boda. El paciente que se ha autodiagnosticado su enfermedad con Google no siempre tiene razón. El pasajero que cree que tendrían que permitirle subir a bordo a su animal de apoyo emocional, que resulta ser un pavo real, no siempre tiene razón.

No obstante, se trata de personas que compran tus productos, usan tus servicios o consumen tu contenido creativo, y a ti te enseñaron a respetarlos y complacerlos a costa de tu tiempo, energía y, a veces, incluso cordura.

Te encontrarás con todo tipo de personas complicadas a las que se supone que debes complacer. La lista es interminable, pero aquí hay algunas. A ver cuántas de ellas reconoces en tu experiencia:

- **El perfeccionista:** es la persona que le daría una reseña de dos estrellas a la Madre Teresa de Calcuta.

- **El preocupado:** este cliente entra en pánico y te escribe mensajes a las diez de la noche, pues se le acaba de ocurrir un peor escenario que el que te contó cuando te escribió a las ocho de la noche.

- **El fantasma:** es aquel que te pide un montón de presupuestos detallados y luego desaparece sin dejar rastro.

- **El tacaño:** es el cliente que espera recibir un cohete espacial con el presupuesto de un triciclo.

- **El sabelotodo:** es la persona que cree que tu educación y experiencia no pueden ser más precisas que su opinión desinformada, que proclama a los cuatro vientos.

- **El sobrepensador:** este cliente necesita un comité para elegir qué tipo de café quiere tomar.

- **El catastrofista:** es la persona que convierte un pequeño inconveniente en tragedias de Shakespeare.

- **El novato:** es el cliente que piensa que eso es una nueva dieta de moda.

- **El procrastinador:** el que te envía correos urgentes marcados con "responder de inmediato" después de haber desaparecido por semanas.

- **El peleón:** es la persona que puede convertir cualquier acuerdo en una discusión.

- **El *bully* o abusivo:** es el que trata cualquier interacción como una posibilidad de impulsar su ego a tu costa.

- **El pesimista:** este cliente ve un nubarrón detrás de cada resquicio de esperanza.

- **El tradicional:** él cree que la humanidad alcanzó su esplendor en los ochenta y, desde entonces, todo está yendo hacia el abismo.

EL SALVAJE MUNDO DEL SERVICIO AL CLIENTE

¿De dónde sacamos la idea de que tenemos que hacer todo lo posible para complacer a todos los clientes o consumidores complicados? De hecho, este concepto lleva vigente ya bastante tiempo.

La frase "el cliente siempre tiene la razón" se hizo famosa a principios del siglo xx gracias a magnates del comercio minorista como Harry Gordon Selfridge, John Wanamaker y Marshall Field. El hotelero suizo César Ritz, del célebre Ritz-Carlton, tenía un eslogan parecido: *Le client n'a jamais tort* (el cliente nunca se equivoca).[56] Estos empresarios pioneros revolucionaron el servicio al cliente porque, en su modelo de negocio, antepusieron las necesidades y la satisfacción del consumidor. Esta filosofía funcionó bien en una época en la que las opciones de productos y servicios eran limitadas y la lealtad se iba afianzando con un servicio excepcional.

Pero vayamos a la actualidad, en una realidad en la que los clientes son como un niño sobreestimulado con azúcar: exigentes, impredecibles y proclives a los berrinches. ¿En serio tenemos que mantener a todo el mundo contento en todo momento y a cualquier precio? ¿Es eso posible cuando un negocio puede terminar en la ruina por una mala crítica en Yelp? Tal vez haya llegado el momento de replantearse cómo trabajamos con las personas complicadas a las que prestamos servicios, vendemos, enseñamos y entretenemos.

Sea cual sea tu sector o el cargo que ocupes, es probable que tengas que interactuar con frecuencia con gente difícil externa a tu entorno.

Hay dos excelentes motivos para mejorar tu trato con los clientes y los consumidores complicados. El primero, porque son muchos. Según nuestra investigación, los clientes y consumidores son la segunda fuente más grande de personas complicadas para los trabajadores estadounidenses, según el 55 % de los encuestados. El primer puesto lo ocupan los compañeros, con un 66 %. El resto de categorías (jefes, subordinados y ejecutivos) obtuvo una puntuación mucho menor.

El segundo motivo es aún más importante: porque tu negocio depende de ellos. Cuando le preguntamos a la gente cómo solía gestionar a los clientes complicados, entre las cuatro estrategias que mencioné antes —ignorarlos, cambiarlos, cancelarlos o comprenderlos—, descubrimos que la mayoría trataba de entenderlos. Lo curioso es que elegían esta estrategia más a menudo con clientes que con cualquier otra persona con la que trabajaran, incluidos sus colegas. En otras palabras, nos esforzamos más por entender a los clientes que a nuestros compañeros de trabajo.

Tiene sentido, ¿no? Estamos hablando de la gente que garantiza que tengas trabajo. De ellos depende el sustento de tu empresa, lo que significa que tienen mucho poder dentro de esa relación. No puedes ignorarlos, despreciarlos ni descartarlos porque son la razón de que tu negocio exista.

Pero pueden ser tan tremendamente complicados... Si no sabes cómo tratarlos, puedes sentirte atrapado en un escenario donde de todos modos saldrás perdiendo: o aceptas sus demandas o dejan de trabajar contigo. Ninguna de esas dos opciones suena bien.

Esta es la cuestión. Si ya has interactuado con clientes, sabes que a veces sí están equivocados. Tienen datos equivocados, actitudes equivocadas, expectativas equivocadas y conductas equivocadas. Incluso pueden ser abusivos, sexistas, racistas y tóxicos.

Entonces ¿qué puedes hacer?

PUEDES EMPEZAR POR REPLANTEARTE TU FORMA DE VER EL SERVICIO AL CLIENTE.

Siempre me han fascinado las historias de las empresas que se replantearon su servicio al cliente. Walt Disney tiene una de los mejores, por supuesto. El compromiso constante de Disney por prestar un servicio excelente a todos y cada uno de sus millones de visitantes anuales es legendario. En su libro *El cliente pone las reglas*, Lee Cockerell, que fue vicepresidente ejecutivo de operaciones en Walt Disney World, escribe:

EN EL MERCADO ACTUAL, ALTAMENTE COMPETITIVO, un negocio necesita algo más que productos excelentes, un buen servicio técnico, procedimientos eficientes y precios razonables para atraer clientes. También necesita conectar con ellos de verdad por medio de interacciones auténticas de igual a igual que no solo satisfagan sus necesidades prácticas, sino también sus deseos emocionales.[57]

Me encanta el enfoque holístico que se plantea aquí. Los clientes son personas que tienen tanto "necesidades prácticas" como "deseos emocionales". Ambos aspectos son importantes, sobre todo cuando tratamos con las difíciles almas a las que estamos llamando complicadas.

Hay un sinfín de empresas más que se hicieron famosas por su excepcional capacidad para atender a sus clientes. Ritz-Carlton, Nordstrom, Zappos, Neiman-Marcus y Chick-fil-A son algunas de las que me vienen a la mente. Quizá tengan políticas y procedimientos distintos, pero coinciden en algo: quieren ofrecer un servicio excelente a todos y cada uno de los clientes o consumidores, en especial a los complicados.

Eso es justo lo que hace que estas empresas destaquen, ¿no crees? Y es lo que puede hacer que tú también lo hagas. Todos pueden ser amables con la gente amable, pero la forma en la que tratas a la gente complicada es la prueba de fuego de tus habilidades de servicio al cliente. ¿Puedes mantener la calma y esforzarte por encontrar soluciones hasta cuando te enfrentas al lado oscuro del ser humano? O, lo que es lo mismo, cuando ves su lado humano. Cosas como el estrés, la ignorancia, la actitud defensiva, la frustración, el egoísmo y la impaciencia forman parte de nosotros.

NO DIGAS QUE ALGUIEN ES UN "DEMONIO" SOLO PORQUE NO SE COMPORTA COMO UN ÁNGEL, SIMPLEMENTE ES HUMANO.

ENTONCES ¿CÓMO PUEDES INTERACTUAR Y COLABORAR MEJOR CON ESTAS PERSONAS?

CÓMO TRABAJAR CON CLIENTES COMPLICADOS

Todos los principios que he repasado en este libro pueden aplicarse a clientes y consumidores, pero ahora te daré algunos más que se centran específicamente en el servicio al cliente, sobre todo cuando tratas con alguien complicado.

1. SORPRÉNDELOS CON AMABILIDAD

En lugar de ponerte a la defensiva cuando la gente esté de mal humor o sea maleducada, pasa a la ofensiva y pórtate con amabilidad. En general, el nivel están tan bajo en lo que se refiere al servicio al cliente que todo lo que tienes que hacer es dejar que se asome un poco tu calidad humana, así lograrás que la situación se tranquilice a corto plazo y, con el tiempo, te ganarás su lealtad.

Nunca olvidaré un día que estaba en una actividad infantil con mis hijos. Teníamos mucha hambre, así que nos acercamos a uno de los carritos de comida que había en el lugar. La mujer que nos tomó nota tenía la sonrisa más grande del mundo. Sin embargo, el cocinero parecía molesto. Odiaba su vida, su trabajo y seguro que a mí también porque éramos tres personas más para las que tenía que cocinar. Y no voy a mentir: nuestra comanda era complicadísima, así que en esta historia yo soy el cliente complicado, no hay duda. Además, estábamos muertos de hambre, así que pedimos demasiada comida.

El cocinero le susurró algo a la cajera. No pude oír lo que dijo, lo que, con toda probabilidad, fue mejor. Pero ella no perdió su sonrisa contagiosa y le respondió: "No te preocupes, todo va a ir bien".

Estuvimos esperando más de veinticinco minutos por unos platos que debían haber estado listos en unos siete, como máximo. Yo me estaba impacientando, e incluso enfadando. Pero cuando me levanté a ver qué pasaba con la comida, la cajera seguía teniendo la misma enorme y auténtica sonrisa. Eso me disuadió. Volví hasta donde estaban mis hijos, me encogí de hombros y dije: "No pasa nada. Podemos esperar".

¿Qué hizo esa mujer? Se dio cuenta, en una situación de estrés, de que este cliente era complicado. Su compañero, también. Pero ella decidió cómo tratar a la gente y eso marcó la diferencia.

Se negó a ponerse a la defensiva cuando yo me impacienté y se negó a adoptar la actitud negativa de su compañero. En lugar de eso, nos regaló su sonrisa y su tranquilidad, que yo transmití después a mis hijos. Imagínate que me hubiera gruñido en lugar de sonreírme. La historia habría tenido otro final, porque todos habríamos odiado la vida, los unos a los otros y a todos los carritos de comida.

No sé si cambió el ánimo de su compañero, pero sí lo logró conmigo. Ahí radica el poder de saber cómo lidiar con personas complicadas en situaciones complicadas. En este caso, el cliente no era fácil y su actitud no era la ideal, pero aun así era humano, y ella nunca perdió eso de vista. En lugar de ver a un cliente gruñón, vio a un padre hambriento peleando con dos niños de mal humor.

Sea cual sea tu sector o el cargo que ocupes, reflexiona sobre cómo podrías elegir ser amable con la gente. Conviértelo en un juego. Ponte a prueba y busca formas creativas de sorprender a la gente con acciones generosas, amables y útiles para contrarrestar su mal humor.

No, no siempre va a funcionar, al menos no en términos de cómo convertir a una persona complicada en una de trato fácil. Pero ese no es el objetivo, ¿recuerdas? Te interesa centrarte en la colaboración y eso siempre es una obra en construcción. La amabilidad, sin duda alguna, siempre mejorará el vínculo aunque solo suceda desde el ángulo en el que tú experimentas la interacción (que, de todos modos, es lo único que puedes controlar).

Además ¿qué otra opción te queda? ¿Sorprenderlos con maldad? ¿Igualar su mal humor? Nunca vencerás la negatividad con más negatividad. La amabilidad siempre es una mejor opción.

2. DESCUBRE EL LADO VALIOSO DE SU MAL HUMOR

Cualquier crítica es constructiva si te la tomas bien. Puede ayudarte a ver dónde te equivocas o reafirmarte en qué tienes razón. Ambas opciones son un regalo.

Sin embargo, cuando te dicen algo negativo, al principio asumes que esos comentarios están equivocados y que tú estás en lo correcto. Así es la naturaleza humana. No sabrás si tienes que cambiar hasta que superes la reacción emocional inicial y analices el comentario con humildad y objetividad. Para ello es necesario tomar la decisión consciente de no ponerse a la defensiva y aceptar la curiosidad.

Los comentarios negativos son valiosísimos. Deberías pedirlos. Deberías estar dispuesto a pagar por ellos. Pero asegúrate de que valorarás a quienes están dispuestos a defender lo que creen que es importante. ¿De verdad quieres rodearte de personas que piensan igual que tú? Eso es vivir en una burbuja y siempre es peligroso. Necesitas a gente incómoda que se atreva a romper esa burbuja.

Tal vez haya que modificar algo en tu comunicación, aunque mantengas sin cambios tu producto o servicio. ¿Cómo puedes establecer las expectativas correctas y luego superarlas?

Por supuesto, el cliente siempre piensa que tiene la razón, pero eso no quiere decir que la tenga. El simple hecho de decirlo no lo hace realidad. Para valorar las críticas de forma eficaz, debes saber cuánto peso dar a las opiniones, dependiendo de quién te las diga.

Por ejemplo, si mi mujer me dice que tengo que cambiar algo, le prestaré mucha más atención que si alguien al que ni siquiera conozco me critica en un comentario de Instagram. No quiero decir que esas voces de las redes sociales no importen. Quizá tengan algo que enseñarme, y sí que me preocupo por lo que me dicen, pero no tienen el mismo acceso a mis emociones o decisiones que mi mujer.

Brené Brown recomienda tener lo que ella llama un "equipo cuadrado".[58] En un pedazo de papel cuadrado de dos centímetros y medio, escribe los nombres de las personas cuya opinión te importa de verdad. El objetivo de que sea tan pequeño es que te obliga a depurar esa lista. A continuación, asegúrate de que priorizas a esas personas.

En general, lo que tenemos es un "equipo con todos". Anotamos los nombres de todos los amigos, clientes, empleados y troles de las redes sociales, pero algunos de ellos no se merecen toda esa atención.

Asegúrate de que estás escuchando a las personas que de verdad se preocupan por ti y te dirán la verdad no solo acerca de tus debilidades, sino también de tus fortalezas. No dejes que las críticas infundadas desbaraten tu sueño o cambien tus principios básicos. En lugar de eso, presta la máxima atención a las voces que más importan.

Escucha los comentarios desagradables y agradece a la persona su sinceridad (si es el caso). Después, analízalo objetivamente, descarta lo malo y quédate con lo bueno.

3. NO DEJES QUE EL LUGAR DONDE TRABAJAS DETERMINE CÓMO TRABAJAS

El otro día, en un viaje por carretera, llevé a mi familia a un Buc-ee's. Si nunca has ido a uno, lo tienes pendiente.

Te voy a contar todo lo que necesitas saber sobre Buc-ee's: es una gasolinera y una tienda 24 horas. Al parecer, ninguno de los directivos de la empresa sabe que las gasolineras y las tiendas 24 horas son lugares a los que solo se va por necesidad, de los que se sale lo más rápido posible y de los que no se espera gran cosa en cuanto a atención al cliente.

Buc-ee's es justo lo contrario. Son enormes, están bien surtidas, organizadas y limpias. Los baños tienen un dispensador de jabón en cada lavabo para que nadie tenga el pretexto de salir sin lavarse las manos. La fila de surtidores de gasolina es tan larga que casi no se ve el final. Tienen el récord mundial de la tienda 24 horas más grande (7.023 metros cuadrados, en Luling, Texas) y el autolavado más largo (77 metros, en Katy, Texas).[59]

Llevé a mi familia a un Buc-ee's de vuelta a casa tras unas vacaciones en las que habíamos estado en un resort de cinco estrellas. Nos trataron mejor en esta gasolinera que en el resort. No exagero. Al menos una docena de empleados de Buc-ee's nos saludaron cuando llegamos al mostrador para pagar.

Ponte a pensar en quiénes les compran: personas que conducen. ¿Se te ocurre una base de clientes más complicada que conductores estresados y sus agotadas familias? Sin embargo, de alguna manera se las arreglaron para que su gasolinera fuera un oasis donde disfrutar en lugar de una tormenta que atravesar.

Mis hijos salieron de Buc-ee's con más productos que los que compraron en el parque temático al que habíamos ido. No estaba muy seguro del porqué en ese momento, pero ahora lo entiendo: Buc-ee's superó nuestras expectativas.

De acuerdo, no era difícil teniendo en cuenta la calidad de muchas gasolineras. Pero aun así, no tenían que esforzarse tantísimo, pero decidieron hacerlo. No se conformaron con la norma del sector. No se dejaban llevar por la energía de los clientes que entraban arrastrándose agotados a sus instalaciones. No permitían que el lugar donde trabajaban determinara cómo lo hacían.

Quizá la empresa para la que trabajas no haga algo así, pero aun así tú puedes hacerlo. ¿Qué te impide dar lo mejor de ti mismo en cada interacción? Aunque no trabajes en el Ritz-Carlton, puedes comportarte con gracia, clase y excelencia.

Si diriges un equipo o una empresa, ponte el reto de crear una cultura que despierte la admiración de la gente. No te conformes con la norma del sector. Fíjala tú.

4. NO TE ENFADES; DESPIERTA TU CREATIVIDAD

La verdad es que me gusta más la frase del señor Ritz, *Le client n'a jamais tort* (el cliente nunca se equivoca), que la de "el cliente siempre tiene la razón". Los clientes no siempre tienen la razón, pero tampoco están forzosamente equivocados. Tienen necesidades, frustraciones y preocupaciones reales. Quizá no tengan razón sobre cómo abordarlas, pero eso no significa que se equivoquen al tenerlas. Dicho de otro modo: quizá sus sentimientos no estén justificados, pero siguen siendo válidos. A fin de cuentas, son humanos, y los humanos experimentamos emociones fuertes con frecuencia.

Para dar un buen servicio al cliente es necesario que te pongas en su lugar sin juzgarlo y que averigües lo que puedes hacer respecto a sus necesidades y preocupaciones. Después de todo, la mayoría de los clientes gruñones solo quieren soluciones. Claro que habrá un grupo que esté buscando una excusa para quejarse, pero yo creo que la mayoría de las personas con las que tratas serán mucho menos complicadas si encuentras una manera de satisfacer su necesidad inmediata.

El problema es que, con frecuencia, la solución que exigen no encaja con la realidad en la que viven. Y como nadie ha descubierto aún cómo teletransportarse a un universo alternativo, no te queda más remedio que intentar que se conformen con menos de lo que quieren. Es una trampa para la decepción.

Por desgracia, a veces eso es todo lo que puedes hacer. Imagina que un avión tuvo que aterrizar debido al mal tiempo y tienes una larga fila de pasajeros furiosos frente a ti. O que el congelador de tu restaurante se ha averiado y se ha estropeado toda la carne, dejando un comedor lleno de hambrientos comensales sin atender. O que no puedes reparar a tiempo el coche de un cliente porque una pieza se quedó en el camino. A veces no puedes solucionar todo como te gustaría.

¿Qué hacer entonces? Despierta tu creatividad. Tal vez haya otra forma de llegar a la solución que quieren o tal vez haya una solución alternativa a lo que quieren, pero que también cubre sus necesidades. En el sector del servicio al cliente, las soluciones suelen ser más eficaces que las disculpas.

ESTO REQUIERE DE TU EMPATÍA Y TU TIEMPO.

Por desgracia, son dos cosas que suelen fallar en el servicio al cliente, porque siempre hay prisa por hacer muchas cosas. Si quieres que se te ocurra una solución creativa, tienes que entender la molestia y los motivos del cliente. En cuanto veas todo desde su punto de vista, seguramente podrás aprovechar tus mejores conocimientos y experiencia para ofrecer ideas que no se le habían ocurrido a nadie antes.

Uno de mis clientes dirige el servicio de atención personalizada de un club de *fitness* de alto nivel, y me habló de un miembro que se puso furioso por un problema con los pases para invitados. Montó un escándalo en la recepción y dijo que los trescientos dólares al mes que pagaba le daban derecho a traer al club a quien quisiera y cuando quisiera. El hombre se negó a escuchar las explicaciones de la responsable, empezó a interrumpirla y trató de avergonzarla e intimidarla en la recepción.

Ella se lo llevó a su oficina, le pidió que se sentara y le dijo: "Ayúdeme a entender qué está pasando". Él le explicó que su cuñada y su hija lo visitaban desde el extranjero, se iban a quedar casi dos meses y él quería que ambas pudieran usar el gimnasio.

La directora dijo que lo entendía, y aunque no podía conseguirles pases para invitados para tanto tiempo, podía conseguirle a su cuñada una membresía propia. Pero en la conversación ella supo el motivo por el cual él sacó el tema del dinero: su mujer estaba luchando contra el cáncer de mama y ni siquiera estaba usando su membresía. El conflicto con los pases para invitados no era un simple tema de normas para el hombre, pues había un componente emocional que había que desentrañar.

La directora le reembolsó la parte de la membresía de su mujer y el hombre salió de ahí con dinero en su cuenta bancaria, una membresía para su cuñada y, lo más importante, la sensación de que había sido escuchado y comprendido.

El cliente no tenía toda la razón, pero tampoco estaba completamente equivocado. Para que cambiara su actitud, solo hizo falta una responsable que estuviera dispuesta a escuchar y que pensara con creatividad.

Muchas veces, la necesidad más importante no es aquello superficial por lo que la gente te discute, sobre todo si ambos saben que el problema es insalvable. Tal vez necesiten que se les escuche. Quizá necesiten expresarse. Es probable que necesiten sentirse valorados o que otro ser humano reconozca su frustración y se preocupe por ello. Como tú trabajas para la empresa con la que están frustrados, quieren contarte a ti lo que les gustaría decirle a la empresa.

No están equivocados al querer eso. Quizá tú no puedas resolver el problema… pero quizá no sea necesario. Tal vez solo necesiten a alguien de la empresa que los escuche y se preocupe, y tú eres la persona que está frente a ellos. Qué suerte.

Eso no significa que tengas que convertirte en un saco de boxeo en el que puedan descargar sus frustraciones, pero sí que tendrás que practicar un alto nivel de inteligencia emocional durante su encuentro. Recuerda que no solo los estás recibiendo sus quejas: estás cubriendo la necesidad que tienen de que los escuchen. Eso no tiene precio.

Ellos saben que tú no puedes controlar el mal tiempo, pero es posible que lo único que necesiten sea verte profundamente preocupado porque no van a llegar al funeral de un familiar. Saben que no puedes preparar una comida por arte de magia a menos que estén de acuerdo en hacerse vegetarianos durante una hora, pero tu disculpa sincera y una recomendación de un buen restaurante pueden ayudar mucho. Saben que la pieza del coche está bloqueada en un barco quién sabe dónde y que tú no puedes hacer nada, pero tu sinceridad y compasión (y tal vez un vehículo de sustitución) los animen un poco.

Si puedes satisfacer sus necesidades —aunque solo sean psicológicas— de forma creativa, quizá se podrán ir con un estado de ánimo distinto al que tenían cuando llegaron. ¿Recuerdas a la señora sonriente del carrito de comida? Su servicio al cliente superaba su entorno y era contagioso. No recuerdo mucho de la comida y la espera de veinticinco minutos es agua pasada, pero me costará olvidar su clase y excelencia.

¿Qué puedes hacer tú? ¿Tienes algún cliente, consumidor, visitante, paciente, seguidor, telespectador, usuario o alguien por el estilo que sea complicado? Seguro que sí. Yo también, y sé que tendré muchos más en los años por venir.

¿Cómo nos relacionaremos con esas personas complicadas? ¿Nos pondremos a la altura de sus frustraciones o las afrontaremos con amabilidad, humildad, elegancia y creatividad?

Amigo mío, nadie más puede decidirlo por ti, ni el cliente gruñón ni tu empresa, tu jefe, tu compañero de trabajo ni nadie. El cliente no siempre tiene la razón… pero aun así puedes tratarlo bien. Esa decisión siempre está en tus manos.

El cliente no siempre tiene la razón, y podría decirse lo mismo de cualquier persona complicada con la que trabajes. Muchas veces su punto de vista, actitud, tono, exigencias, reacciones y hábitos están equivocados; eso es precisamente lo que las complica. Sin embargo, debo advertirte algo importante e incómodo: a veces la gente complicada sí tiene razón... o al menos no se equivoca del todo. Si queremos colaborar de forma eficaz con ellos, tenemos que escuchar las complejidades y los matices de sus complicados mensajes, y no limitarnos a matar al mensajero. O lo que es lo mismo: tendremos que ser mejores a la hora de gestionar los desacuerdos y el conflicto, tema que abordaré en el próximo capítulo.

CAPÍTULO 10

NO MATES AL MENSAJERO

La gente miente todo el tiempo.

Eso es lo que he aprendido de trabajar con cientos de organizaciones durante la última década. La gente se pasa el tiempo mintiendo.

Tienen sus motivos para hacerlo. Les gusta el seguro médico y creen que lo perderán si dicen la verdad. Les gustan los depósitos bancarios y la verdad podría hacer sus días de cobro muy angustiosos.

Pero uno de los mayores motivos por los que la gente miente es porque no creen que la persona con la que están hablando pueda tolerar la verdad. Les da miedo que las palabras incorrectas o una verdad incómoda comiencen una guerra, y no están de humor para defenderse.

Así que van de puntillas rodeando la verdad en lugar de decir lo que quieren o necesitan decir. Dan rodeos y esconden cosas. Evitan el conflicto o se esconden de los desacuerdos en lugar de enfrentarse a ellos cara a cara.

Pero cuando se sacrifica la verdad para "no enfadar al jefe" o "evitar que mengano o fulano renuncie", todos perdemos.

Recuerdo a una directiva que me dijo sin inmutarse que todo el mundo a su alrededor adoraba su trabajo. Eso es lo que siempre decían y siempre lo creyó.

Cuando le dije que quizá eso no era del todo cierto, se sorprendió.

—Pero ¿por qué iban a mentir? —me preguntó.

—¿Por qué no lo harían? —le respondí—. Necesitan cobrar a fin de mes.

Muchos líderes no pueden concebir un mundo en el que las personas que trabajan para ellos les mientan. Pero debes recordar que la gente es lista y necesita sobrevivir. Si te dicen una verdad que refleje negativamente tu liderazgo, saben que podría no terminar bien para ellos, así que se muerden la lengua y te dicen lo que quieres oír; luego continúan navegando por páginas web de empleo en cuanto te das la vuelta.

Entonces… ¿eres capaz de soportar la verdad? Esa es la pregunta que tienes que hacerte a ti mismo. Sobre todo cuando la persona que te da la información es un poco complicada, cuando los "hechos" (según ellos) ponen en duda nuestras suposiciones o nos exigen tomar decisiones difíciles, cuando la "verdad" (de nuevo, según ellos) no encaja con la "verdad" según nosotros. ¿Qué ocurre cuando mi verdad y la tuya chocan?

En esos momentos es muy tentador aislarse de debates inoportunos y opiniones incómodas. Es demasiado fácil tachar de "complicado" al portador de malas noticias y matar al mensajero.

Acuérdate de la trágica historia de la BlackBerry. ¿Recuerdas esos teléfonos? Yo tuve uno a principios del siglo xx, cuando trabajaba en una tienda de móviles en un centro comercial. Antes de que los iPhone y los Android tomaran el mundo por asalto, la BlackBerry era la dueña del mercado de los smartphones.

A decir verdad, ellos crearon el mercado.

Todo comenzó en 2002, cuando una empresa canadiense de bíper llamada Research in Motion (RIM) fabricó uno de los primeros smartphones del mundo. Lo llamaron BlackBerry. Tenía un teclado completo y conexión para correos electrónicos. El mundo empresarial cayó rendido a sus pies. De repente, los ejecutivos y los comerciales de ventas ya no estaban atados a sus escritorios. Podían enviar correos desde la sala de reuniones, su dormitorio, el baño o cualquier lugar. En cuatro años, RIM alcanzó ventas anuales de 10.000 millones de dólares.

Luego, en 2007, el iPhone irrumpió en el mercado, poco después del teléfono Android de Google. Y BlackBerry... no hizo nada. Al menos no hasta que fue demasiado tarde.

Para qué, si sus ingresos seguían creciendo. Estaban convencidos de que eran los dueños del mercado de ese sector y de que estos recién llegados, con sus "divertidos" teléfonos y esas aplicaciones de terceros eran para clientes no profesionales. Cuando se dieron cuenta de que los estaban venciendo en su propio terreno, su respuesta fue lenta y nada eficaz: el desgraciado Blackberry Storm, un fracaso colosal que hundió aún más su reputación. Cinco años después habían perdido 70.000 millones de dólares de valor de mercado y sus ventas se redujeron a una fracción minúscula. Fue una caída espectacular de la empresa que había contribuido a abrir la caja de Pandora de los smartphones.

¿Por qué no respondieron antes? Un problema fue la falta de diversidad de pensamiento. En 2012, poco después de que los dos codirectores generales de RIM dimitieran a causa de la presión de los inversores, un artículo publicado en MoneyWatch de la CBS afirmaba que "los ocho consejeros externos de RIM, incluido su presidente y director principal, son contables, economistas y financieros". El periodista añadió que "las mentes afines piensan igual y están sujetas al pensamiento de grupo".[60]

El término pensamiento de grupo es un concepto de la psicología que describe el hecho de que los grupos pueden "forzar" involuntariamente la uniformidad de pensamiento entre sus miembros al valorar tanto la armonía que consiguen acallar las voces discrepantes. Básicamente, se trata de un autoengaño colectivo. Es la muerte por falta de variedad.

¿Alguna vez te ha pasado? ¿Te ha tocado ver cómo se silenciaba la voz disidente de la sala o del Zoom? La realidad es que necesitamos diversidad de pensamiento y diferencias de opinión. Eso significa que tenemos que dejar que unas cuantas personas complicadas compartan sus opiniones complicadas, aunque nos incomoden.

Los encargados de tomar las decisiones en RIM básicamente se convencieron de que tenían razón… y luego se lo creyeron. Es un comportamiento bastante típico del ser humano, la verdad. Un miembro de BlackBerry dijo más tarde: "El problema no fue que dejáramos de escuchar a los clientes. Creíamos que sabíamos lo que querían a largo plazo mejor que ellos".[61]

La forma en que RIM respondió a los cambios en las tendencias del mercado es diametralmente opuesta a la de William Wrigley, famoso por sus chicles. La disposición de Wrigley a escuchar a los empleados que no estaban de acuerdo con él y su capacidad para replantearse sus productos y su estrategia basándose en los comentarios de los clientes son dos caras de la misma moneda: le importaba la verdad, no solo lo que le resultaba cómodo, por eso pudo reducir sus pérdidas, dar un giro y aprovechar nuevas oportunidades.

Su éxito no provino de no haber cometido nunca un error o de haber hecho una mala lectura del mercado, porque pasó por ambas situaciones. Provino, al menos en parte, de escuchar a la gente (clientes y empleados) que contradecía sus opiniones y desbarataba sus planes.

ESE NIVEL DE HUMILDAD ES INSPIRADOR Y POCO FRECUENTE.

CÓMO ENFRENTARSE A LOS DESACUERDOS

Si quieres lograr una colaboración eficaz con personas complicadas, debes hacer las paces con el conflicto. Suena como un oxímoron, pero es así. Surgirán desacuerdos y tendrás que estar preparado para afrontarlos.

Un gran estudio internacional de CPP, la empresa detrás del indicador Myers-Briggs, descubrió que el empleado medio pasa más de dos horas a la semana gestionando conflictos en su trabajo. En Estados Unidos, eso equivale a 385 millones de jornadas laborales al año dedicadas al conflicto.[62]

Fíjate que he dicho "dedicadas" al conflicto, y no "malgastadas". El conflicto no es malo en sí mismo. Tampoco bueno. Es lo que es. Es parte de la vida y una realidad que se da al trabajar con la gente.

Lo que hace que el conflicto sea bueno o malo se reduce principalmente a:

a) cómo lo gestionas, y

b) lo que obtienes de él.

"Cómo lo gestionas" tiene que ver, ante todo, con la inteligencia emocional de la que ya hablé antes. ¿Eres capaz de mostrar tu desacuerdo con alguien de manera elegante, cortés y madura? ¿Cada discusión se convierte en una pelea a gritos o un duelo de egos? O lo que es igual de malo: ¿te callas y te cierras?

> La mayoría creemos que se nos da bastante bien. En nuestra encuesta, el 73 % de los trabajadores estadounidenses afirma que suele responder bien cuando alguien en el trabajo les da una opinión

constructiva sobre un aspecto en el que deben mejorar. Los ejecutivos se mostraron aún más seguros: el 81 % se dio una excelente puntuación en este aspecto. Pero... ¿realmente tres de cada cuatro personas que conoces responden bien a las críticas?

Sospecho que esta es una de esas áreas en las que nos vemos a nosotros mismos como angelicales y a todos los demás como problemáticos. Si somos sinceros, creo que todos podríamos admitir que a veces respondemos bien y otras no tan bien. Siempre hay margen de mejora.

"Lo que obtienes de él" hace referencia a los resultados. ¿Utilizas los desacuerdos para avanzar? ¿Debates, discutes y discrepas hasta encontrar respuestas o pones fin a las discusiones prematuramente para "mantener la paz", incluso si eso significa conformarte con la mediocridad o el fracaso?

Los desacuerdos productivos son una parte necesaria del progreso. No se puede esperar avanzar sin encontrarse con algunos conflictos en el camino que, si se gestionan adecuadamente, te harán avanzar de forma natural. El desacuerdo es una herramienta que hay que utilizar, no un problema que evitar.

Debemos tomar la decisión consciente de adoptar esta mentalidad, porque muchos nos dejamos llevar por el deseo de paz o productividad, y ambos se ven interrumpidos por los conflictos entre colegas.

Sin embargo, esta interrupción es temporal. Es útil tenerlo en cuenta cuando aumentan las tensiones y chocan las ideas. En última instancia, si no tienes el valor o el tiempo para debatir sobre cuestiones cruciales, acabarás saboteando tanto tu paz como tu productividad. La presión se acumulará hasta que explote y entonces te tocará a ti solucionar el desastre.

Dado el evidente valor de la diversidad de pensamiento, resulta un poco inquietante pensar en la frecuencia con la que se aplica la etiqueta de "persona complicada" a quienes están dispuestos a hablar cuando los demás guardan silencio. El hecho de que alguien haga preguntas difíciles o tenga opiniones poco populares no significa que esté equivocado ni que sea complicado.

LOS HACE VALIOSOS.

Mark, un amigo que dirige una empresa que pertenece a la lista Fortune 100, me contó una historia sobre un cuestionario de personalidad que él y varios de sus líderes respondieron. Un consultor de la empresa que administraba el cuestionario se sentó después con Mark y le dijo que él y otros dos directivos tenían la misma personalidad: motivados, centrados en los resultados y eficientes, pero otro líder clave del equipo, alguien al que llamaremos Richard, era diferente. Era más empático y se centraba en los sentimientos.

El consultor le dijo a Mark que, basándose en sus estilos, podía adivinar cómo eran las dinámicas de sus reuniones. Si los tres líderes impulsivos eran los únicos que participaban, terminarían en quince minutos. Pero si Richard también asistía, las cosas irían más lentas. Haría demasiadas preguntas. El consultor añadió entonces que, si lo analizaban bien, el resultado era mejor cuando Richard estaba presente.

Mark me dijo que la conjetura del consultor era totalmente acertada. Mark se dio cuenta de que cuando Richard cuestionaba todo, "no es que estuviera dando lata", como él mismo dijo. Richard aportaba algo que nadie más podía aportar. Después, Mark añadió: "De hecho, no invitamos a Richard a las reuniones por su experiencia en la materia. Era simplemente porque había demasiadas personas impulsivas en la sala. Necesitábamos a alguien como Richard que nos frenara un poco y dijera: 'Hablemos de emociones, de personas y esas cosas'".

Incluso empezaron a fijarse de forma intencionada en la personalidad de la gente cuando tenían reuniones. Hacían una pregunta sencilla: "¿Tenemos a alguien que nos aporte equilibrio en la sala?". Si no era así, invitaban a alguien que los frenara, les pusiera trabas y les llamara la atención.

¿Tienes tú a alguien que aporte equilibrio en tu oficina, en tu vida y en tus procesos mentales? Solo las personas con una dosis saludable de humildad e inteligencia emocional pueden invitar a alguien que aporte ese equilibrio a la conversación.

Esto no es fácil. El otro día vi un vídeo en las redes sociales que decía que todos necesitamos cinco personas en nuestra vida: alguien que nos reconforte, alguien que nos confronte, alguien que nos desafíe, alguien que nos aconseje y alguien que celebre nuestros logros.[63] A todos nos gusta convivir con personas que nos reconfortan y celebran nuestros logros, y apreciamos a los buenos consejeros (a menos que nos digan que hagamos algo que no queremos hacer… pero ese es otro tema). ¿Pero los que confrontan y los que desafían? Son un dolor de cabeza. Por eso es común que pongamos fin a las conversaciones que podrían ser las más enriquecedoras y productivas, pues también resultan ser las más incómodas y dolorosas.

Es difícil separar todo eso, ya lo sé. Si estás debatiendo sobre asuntos importantes, delicados o urgentes es inevitable que la conversación se ponga un poco intensa o que incluso afloren algunas emociones.

No pasa nada. Es señal de que a la gente le importa.

Deberías tener más miedo de las reuniones sin pasión, en las que todo el mundo aprueba tus maravillosas ideas y se va a comer. Eso es señal de desinterés o de falta de diversidad. No confundas ninguna de esas dos cosas con una colaboración positiva.

Es probable que todos podamos nombrar a algunas personas que deberían esforzarse un poco más por llevarse bien. Ya sabes a quiénes me refiero. Es posible que algunas estén en tu lista de personas complicadas. Imagina, por ejemplo:

- **Los habladores arrogantes que se creen infalibles y con derecho propio a opinar sobre todo**

- **Los detractores crónicos, o gente NOPO: negativas, obstinadas, pesimistas y opuestas a todo**

- **Los combativos que juegan a ser el abogado del diablo con demasiada frecuencia, tal vez porque les encanta enfadar a la gente**

- **Las personas con poca inteligencia emocional y sin filtro que necesitan madurar y crecer**

- **Los resentidos que sufrieron en el pasado, pero que, en lugar de afrontarlo, se desquitan con los demás**

Estas personas existen y dan mala fama a los conflictos. Pero creo que son una minoría. La mayoría necesita su trabajo y no lo arriesgaría a la ligera hablando sin pensar. La mayoría son seres humanos íntegros y no se alimentan de crear caos. La mayoría tiene algo que aportar a la conversación si se les da la oportunidad.

SI HAY PERSONAS RAZONABLES, ÍNTEGRAS E INTELIGENTES EN TU CÍRCULO LABORAL QUE ESTÁN DISPUESTAS A DAR SU OPINIÓN, MERECEN QUE SE LAS ESCUCHE Y RESPETE.

Todos necesitamos a un Richard, alguien que se niegue a decirnos solo lo que queremos oír y esté dispuesto a llevarnos la contraria. ¿Cómo puedes fomentar el desacuerdo productivo? Aquí tienes cinco sugerencias.

I. PELEA DE FORMA LIMPIA

El objetivo de discutir o debatir siempre debería ser encontrar la mejor solución y la más razonable, y no intentar ser la persona que siempre tiene la razón o quiere sobresalir. Se gana cuando el desacuerdo productivo da lugar a una solución sólida y bien pensada que ha sido perfeccionada y forjada mediante preguntas difíciles para que no se desmorone cuando se enfrente a la dura realidad.

Eso significa que nadie puede pelear sucio, ni tú ni las personas complicadas con las que tratas. Este tipo de solución compleja, impulsada por el grupo, no saldrá a la superficie si una o más de las voces presentes están dispuestas a recurrir a golpes bajos solo para salirse con la suya, alimentar su ego o engrosar su currículum.

Algunas tácticas sucias son:

- **Acoso o intimidación**
- **Manipulación**
- **Amenazas o chantaje**
- **Sentimiento de culpa**
- **_Gaslighting_ u otro tipo de abuso emocional**
- **Difamación pública**
- **Hacerse la víctima**
- **Bloquear o aplicar la "ley del hielo"**
- **Ocultar información**
- **Mentir o tergiversar los hechos**

Si sientes que alguien está utilizando estas tácticas en una confrontación contigo, te convendría tener una conversación privada con esa persona aprovechando lo que menciono en mi libro anterior *Leveling Up: Intellectual Humility*. Es una gran herramienta para la confrontación, porque te ayuda a entablar conversaciones con "quizá me equivoque".

"Quizá me equivoque, pero por lo que escuché y por la impresión que me ha dado, me pareció que me estabas intimidando o manipulando para que estuviera de acuerdo contigo. Pero por lo que sé de ti, no creo que sea lo que pretendías comunicar. ¿Puedes ayudarme a entender mejor lo que intentas comunicar? ¿Cuál es tu objetivo general aquí?".

No toleres este tipo de comportamiento, ni en ti mismo ni en los demás. Esa actitud solo da poder a los acosadores y silencia a todos los demás, y eso no ayuda a nadie.

2. PELEA RÁPIDO

Evitar los conflictos no es una virtud. Gestionarlos sí lo es.

Cuando digo "pelea rápido" me refiero a que no dejes que el conflicto o el desacuerdo se prolonguen demasiado. Hay ocasiones en las que es necesario dejar que pasen un par de días para tener perspectiva, pero cuidado con esperar un par de meses. Si empiezas a esconder las cosas debajo de la alfombra durante semanas, años o décadas, acabarás acumulando resentimiento, lo cual provocará que cada pequeño detalle se sobredimensione y alimente una narrativa de agresividad.

¿Cómo se pelea rápido?

En primer lugar, sacándolo a la luz. Expresa tu desacuerdo lo antes posible si crees que algo es peligroso o estúpido. Da tu opinión si hay un problema o una ofensa.

Claro que puedes tomarte tiempo para aclararte y reunir datos, pero no dejes que sea un pretexto para no decir nada. Cuanto más esperes, más difícil será.

La gente necesita escucharte. Asegúrate de que dices las cosas difíciles de forma inteligente, pero dilas. No utilices el desacuerdo como último recurso. No te estás dejando guiar por el egoísmo, sino por la valentía. Tampoco estás luchando por tu manera de hacer las cosas, sino contribuyendo a encontrar una mejor.

En segundo lugar, termínalo pronto. No alargues el desacuerdo eternamente. Di lo que piensas cuando sea el momento con honestidad e incluso con pasión. Después escucha a los demás hacer lo mismo y resuelve el problema.

Me encanta ver a los equipos deportivos enfrentarse en el campo y luego darse la mano y reírse cuando termina la competición. Es obvio que muchos deportistas se respetan e incluso se caen bien, a pesar de que acaban de intentar machacarse durante el partido. Los buenos deportistas no dejan que las amistades fuera de la pista interfieran en su juego, pero tampoco dejan que el juego destruya sus relaciones.

Asimismo, los desacuerdos laborales deben tener un punto de partida y un punto final. Aunque el resultado no sea el que esperabas, una vez que se llega a un acuerdo o se toma una decisión, la pelea ha terminado. Ha sonado la campana. Ha sonado el silbato. Da la mano y sigue adelante.

3. PELEA CON HECHOS

Un CEO me dijo que vive según el lema: "Confiamos en Dios. Todos los demás, traigan datos". Ya había experimentado en numerosas ocasiones lo fácil que es verse envuelto en un choque de opiniones, emociones e ideas.

Para que los desacuerdos sean lo más objetivos posible, cíñete a los hechos. No solo a tu perspectiva ni a tu interpretación, sino al panorama completo. Como ningún ser humano lo sabe todo, debes escuchar y aprender de los demás presentes en la sala o en la llamada. No se ganan puntos extra por ocultar hechos con el fin de enterrar a tu oponente.

Según mi experiencia, nos posicionamos con demasiada facilidad. Nos atrincheramos en nuestras ideas demasiado rápido. Morimos en demasiadas colinas. Sin embargo, es una angustia innecesaria. En cualquier desacuerdo, debemos centrarnos en qué perspectiva es la mejor, no en cuál es la nuestra. A largo plazo, eso nos llevará más lejos y nos costará menos.

Si de verdad quieres pillar por sorpresa a alguien con quien estás discutiendo, cuando diga algo con lo que estés de acuerdo, di con toda sinceridad: "Tienes razón. Es un buen argumento. Cuéntame más".

Se quedará impactado.

Llegará a bajar tanto la guardia que admitirá las debilidades de su propio argumento o te preguntará qué opinas. Una declaración sincera puede cambiar todo el ambiente. Y aunque la persona no se llegue a abrir, al menos tú te habrás centrado en encontrar la verdad y habrás conseguido que ponga todas sus cartas sobre la mesa. Eso te da una ventaja.

Otra ventaja es que el resto notará tu compromiso con la verdad por encima del ego y tu credibilidad aumentará. La gente confiará más en ti. Quizá no avances con la persona complicada que solo quería decir lo que pensaba, pero te ganarás el respeto de los demás al tomar la vía noble.

Cuando peleas con hechos, el objetivo es conseguir la mejor y más amplia perspectiva posible. Para ayudar a que eso ocurra, presta especial atención a tres tipos de personas:

I. **LOS VETERANOS. Son las personas que aportan más experiencia, ya sea en la empresa o en relación con un tema. Lo han oído y visto todo. No los descartes por estar "atrapados en el pasado" o "desconectados de la realidad". Nada puede sustituir su conocimiento práctico ganado con esfuerzo de la empresa, los productos, los sistemas, los procesos, la historia y el mercado.**

2. **LOS *NERDS*. Con *nerds* me refiero a aquellos con formación y conocimientos técnicos. Tal vez no siempre sean los más habladores, pero a menudo son los que más saben. No los critiques por "obsesionarse con los detalles".**

Son lo suyo. Aportan una perspectiva basada en datos objetivos e investigaciones reales, no en corazonadas o experiencias pasadas.

3. **LOS NOVATOS.** Si alguien lleva solo semanas o meses en la plantilla, en la junta directiva o en el proyecto, tiene algo que todos los demás han perdido y no pueden recuperar: una nueva perspectiva. Lo ven todo con ojos nuevos, lo que significa que se darán cuenta de problemas que otros pasan por alto y harán preguntas que a nadie más le interesan. Verán puntos ciegos, oportunidades ocultas, mercados sin explotar y aplicaciones novedosas. Asegúrate de no descartarlos como novatos idealistas que son demasiado jóvenes, inexpertos o ilusos para tener buenas ideas.

Estas diversas perspectivas son necesarias y todas deben trabajar juntas. Cada una es valiosísima, pero ninguna es infalible. Un líder o empleado inteligente busca formas de combinar lo que cada uno aporta para lograr una mejor comprensión y tomar decisiones más inteligentes.

4. PELEA CONCENTRADO

En la medida de lo posible, los conflictos deben centrarse en cuestiones relacionadas con el trabajo; no dejes que los sentimientos personales o los choques de personalidad se apoderen de la conversación. El Programa de negociación de la facultad de Derecho de Harvard identifica al menos tres categorías de conflictos.[64]

- **El CONFLICTO RELACIONAL** tiene que ver con las personas. Se refiere a asuntos como la tensión, la fricción, la molestia, la frustración y el enfado. Quizá sea lo primero que te viene a la mente cuando oyes la palabra "conflicto".

- **El CONFLICTO DE VALORES** tiene que ver con diferencias fundamentales en valores y cuestiones de identidad, como la política, la religión, la ética y la visión del mundo. Seguro que ya te has dado cuenta de lo delicado que puede ser este tipo de conflicto.

- **El CONFLICTO CON LAS TAREAS** tiene que ver con proyectos, procesos y objetivos. ¿Qué debemos hacer y cómo debemos hacerlo? De los tres, este tipo de conflicto es el que tiene más potencial para hacer que las cosas avancen.

En general, los conflictos de relaciones y de valores deben reducirse al mínimo, mientras que los conflictos con las tareas suelen ser necesarios y útiles, siempre que se gestionen correctamente.[65]

"Al mínimo" es una frase importante, porque tú eres un ser humano. No desconectas tus emociones cuando llegas al trabajo. Por lo tanto, si un conflicto con las tareas es lo suficientemente intenso es posible que lo asocies con las relaciones. Y como está claro que no debes desactivar tu brújula moral durante tu jornada laboral, tus valores también estarán muy presentes a lo largo del día.

El objetivo en este caso es la conciencia y la concentración. Cuando estés en desacuerdo con alguien, pregúntate: ¿Este conflicto tiene que ver con nuestra relación? ¿Se debe a una diferencia de valores o tiene que ver con las tareas? Por lo general, el simple hecho de hacerte estas preguntas te ayudará a decidir si minimizarlo o intensificarlo.

5. PELEA PARA AVANZAR

Mi última sugerencia para tener desacuerdos productivos es la siguiente: usa el conflicto para avanzar. Si dos o más personas razonablemente competentes no están de acuerdo en algo, no te enfades; interésate. Ambos son buenos e inteligentes. ¿Por qué suponer que uno de vosotros está equivocado?

Tal vez ambos tengan razón y el conflicto os esté indicando el camino hacia una solución completamente nueva. El desacuerdo es un regalo, una pista, una oportunidad para innovar. En lugar de considerar las diferencias como problemas que hay que resolver, trátalas como puntos de partida para seguir investigando.

En filosofía y lógica, una "falsa dicotomía" se refiere a una situación en la que se te dan dos opciones y se te dice que debes elegir una de ellas, cuando en realidad hay otras alternativas. Es un pensamiento binario. Es una mentalidad de "esto o lo otro".

Por ejemplo, la idea de que tienes que elegir entre la familia o la carrera profesional es una falsa dicotomía. ¡Yo quiero ambas cosas! Lo mismo ocurre con la suposición de que tienes que ser liberal o conservador (yo estoy en un término medio), tomar café o té (a mí me gusta el agua) o gustarte los gatos o los perros (yo detesto a ambos).

Siempre hay otras opciones. Solo tienes que buscarlas. El simple hecho de buscar te impulsará hacia delante.

Estamos demasiado acostumbrados a abordar las discusiones como escenarios en los que se gana o se pierde: o tú ganas y yo pierdo, o yo gano y tú pierdes. Pero un desacuerdo bien planteado puede ser una victoria para todos, no porque todos obtienen exactamente lo que quieren, sino porque se tienen en cuenta las necesidades de todos, como individuos y como grupo.

Con frecuencia, la solución a la que se llega cuando se debate entre dos opciones es una tercera. Puede ser una mezcla de ambas o una idea nueva que no se le habría ocurrido a nadie, pero con la que todos están lo suficientemente satisfechos. Es el resultado de tomarse en serio las preocupaciones y necesidades de los demás, y luego intercambiar ideas hasta que surge la creatividad.

Los desacuerdos despiertan la creatividad. ¿Por qué? Porque cuando te tomas en serio las necesidades de cada persona o departamento, estableces tus limitaciones. Tus puntos no negociables, y la creatividad nace de las limitaciones.

Si la solución al conflicto fuera obvia, tu competencia ya la habría encontrado. Considera los conflictos complicados como una barrera de entrada. Solo los más valientes, sabios y decididos son capaces de atravesar el muro.

Este principio también es pertinente para las solicitudes complicadas. Puede tratarse de un aumento de sueldo, un permiso, una prórroga, un cambio de política o cualquier otra cosa. No te frustres ni te desesperes cuando personas inteligentes te presionen para conseguir cosas difíciles. Sé que puede parecer que te están pidiendo lo imposible, pero tal vez tengan razón. Tal vez haya una manera de que ellos consigan lo que necesitan sin que sacrifiques algo. Busca una tercera opción.

Cuando surja un desacuerdo, no caigas en la falacia de una falsa dicotomía. Haz más preguntas. Investiga más. Deja el tema sobre la mesa durante una semana para que todos puedan pensarlo un poco más. Sigue buscando hasta que encuentres esa opción híbrida difícil de alcanzar que les haga avanzar a todos juntos.

Gestionar los conflictos y los desacuerdos es un arte y una habilidad que cualquiera puede aprender con el tiempo, independientemente de su personalidad. Aquí tienes un resumen de estas cinco formas de gestionar los conflictos y los desacuerdos:

1. **PELEA DE FORMA LIMPIA:** no manipules para salirte con la tuya.

2. **PELEA RÁPIDO:** sácalo a la luz y termínalo pronto.

3. **PELEA CON HECHOS:** mantente objetivo y sincero.

4. **PELEA CONCENTRADO:** concéntrate en la tarea actual.

5. **PELEA PARA AVANZAR:** llega al otro lado siendo más fuerte y más sabio.

Puedes lograrlo. La diversidad, las diferencias y los desacuerdos son una parte inevitable de pertenecer a esta compleja y loca especie que llamamos humanidad.

No lo niegues. No lo reprimas.

Sé mejor.

Claro que es complicado. Ellos lo son; tú también y yo y todos lo somos.

Pero tras esa complicación está la fuerza que nos hace grandes.

Ahora bien, ojalá pudiera garantizar que los principios y las prácticas que tratamos en este libro convertirán cualquier relación laboral complicada, por extraña o inestable que sea, en una colaborativa.

Sería increíble disponer de un conjunto de herramientas que ablandaran los corazones más duros, abrieran las mentes más cerradas y suavizaran las conexiones más tensas.

Sin embargo, si llevas algún tiempo en el mundo laboral, es probable que te hayas encontrado con al menos una o dos personas que parecen decididas a frustrar tus mejores intentos de colaboración.

Convirtieron lo "complicado" en una forma de arte y están orgullosas de ello.

Ellas son la razón del subtítulo de este libro —estrategias para una colaboración eficaz con (casi) cualquiera— y también la razón por la que necesitas saber cómo establecer límites eficaces en tu trabajo. Ese es el tema al que pasamos a continuación.

CAPÍTULO II

COLOCAR EL "CASI" EN CASI CUALQUIERA

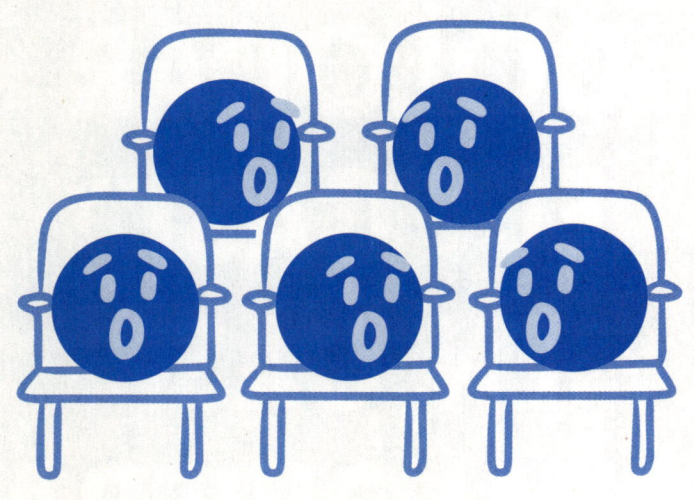

A veces, cuando estoy dando una charla en algún evento, digo bromeando: "En todas las empresas con las que he trabajado hay al menos una persona a la que tendrían que haber despedido hace tiempo, pero como es pariente del jefe, amigo de uno de los principales accionistas o juega golf con un miembro del comité ejecutivo… ¡aquí sigue!".

Hago una pausa y entonces, continúo: "De hecho, podría estar sentado a tu lado". Y todos se señalan con un gesto fingido de terror.

Pero en ese momento, me pongo serio y les hago una pregunta: "Así que… ¿qué se supone que hace aquí?".

Ese momento deja sin palabras incluso a algunas de las personas más inteligentes que conozco. Recuerdan momentos en los que tuvieron que inventar excusas para justificar la presencia de esa persona en la oficina, porque no querían pasar a la historia como aquel que dijo lo que todos los demás estaban pensando: "No, no debería estar aquí".

Bienvenidos al mundo de (casi) todas las personas.

Este es el capítulo en el que hablaré sobre tu persona "casi". Algunas simplemente no son capaces de colaborar de forma eficaz. Ellas son la razón por la que este libro tiene el subtítulo que tiene. Son las culpables del "casi" en "casi cualquiera".

He dedicado los últimos capítulos a hablar sobre cómo colaborar con personas complicadas. Ya hemos revisado las expectativas adecuadas, el autoconocimiento, la empatía, una mente colaborativa, las habilidades personales, la diversidad de generaciones, cómo comunicarse con distintos niveles de compañeros de trabajo, así como el conflicto y la confrontación. Pero incluso con todo eso, debes saber algo: no podrás trabajar eficazmente con todo el mundo.

Ojalá no fuera así, pero lo es. Algunas personas no ponen de su parte, sin importar cuánto intentes comprenderlas y conectar con ellas.

PERO ESO NO DEPENDE DE TI, SINO DE ELLAS.

Por motivos que solo ellas y su terapeuta conocen, no solo es complicado trabajar con ellas: es imposible.

Ahora bien, creo que estas personas terriblemente complicadas son la minoría, y también creo que algunas de ellas cambiarán con el tiempo. Pero el hecho es que existen. Son bastantes. Es probable que haya un "casi" cerca de ti. Tal vez esté sentado dos cubículos más allá, un piso más arriba o en el otro extremo de una llamada de Zoom.

Se trata de personas que ponen a prueba constante (y tal vez a propósito) los límites de tu paciencia y la armonía en el lugar de trabajo. Pueden ser los detractores llenos de negatividad constante o los chismosos de la oficina que difunden una "verdad" que en realidad es falsa. Tal vez sea el que promete mucho y cumple poco, el narcisista que presiona a todos para que apoyen sus ideas mediocres o el sabelotodo inflexible que se niega a aceptar que puede estar equivocado.

La relación laboral ideal es aquella en la que ambas partes se sientan a la mesa con la convicción de que ambas tienen margen de mejora. Pero ¿cómo colaborar con alguien que se niega a ceder ni un 10 %, y mucho menos a llegar a un acuerdo? ¿Cómo asociarse con alguien que cree que su comportamiento tóxico es normal o justificado y que no necesita cambiar?

Es posible que te sientas realmente desesperado cuando piensas en gente así. Al fin y al cabo, lo has intentado. Les has dado tu opinión. Has ido a terapia. Has hablado con Recursos Humanos. Has reconocido tu parte de culpa. Te has disculpado por tus errores. Incluso les has comprado una tarjeta de cumpleaños.

Pero nada funciona y nada mejora. Son imposibles de despedir, imposibles de orientar, imposibles de cambiar; inaccesibles, antipáticos y sin remordimientos.

Y eso no va a cambiar.

Tienes que hacerte a la idea de que trabajas con uno o dos "casi", así que si no te planteas renunciar, tendrás que establecer algunos límites.

Los límites son líneas que trazas para definir qué permitirás donde trabajas y qué no. Son restricciones que estableces y reglas básicas que sigues. Por ejemplo:

- **No respondo correos ni contesto llamadas cuando estoy de vacaciones.**

- **Solo acepto reuniones los lunes y los martes.**

- **No abrazo a colegas del sexo opuesto.**

- **Respondo los correos en el plazo de un día.**

- **Me niego a chismorrear sobre mis colegas o los jefes.**

- **No dejaré que la falta de planificación de los demás se convierta en mi emergencia.**

- **Solo puedo ocuparme de las peticiones que pasan por los canales adecuados.**

¿Te sorprendiste a ti mismo diciendo: "¡Ja! ¡Eso sería genial!" ante alguna de estas afirmaciones? Precisamente por eso los límites son tan difíciles. Pueden parecer una quimera.

¿Pero lo son o solo tenemos miedo del precio que tendríamos que pagar para establecerlos?

Para ser justos, ese precio es real. Si juegas la carta de "o lo tomas o lo dejas" con demasiada frecuencia, quizá acabarás dejándolo. Por otro lado, si nunca te arriesgas a luchar por lo que necesitas, es posible que pases ocho horas al día en un entorno tóxico e inseguro.

LOS LÍMITES SON...
(LO HAS ADIVINADO)
COMPLICADOS.

Pero también son cruciales para colaborar con personas complicadas, sobre todo con las que lo son en exceso y se niegan a poner de su parte.

Establecer buenos límites es una de esas ideas que suenan muy bien en teoría, pero que es dificilísimo poner en práctica. Una cosa es decirte a ti mismo que no te quedarás una hora de más en el trabajo todos los días, pero ¿cómo se lo dices a tu jefe, en especial si otras siete personas estarían encantadas de tener tu trabajo y tu jefe está más que dispuesto a enfrentarte a ellos para obtener beneficios egoístas?

Para establecer mejores límites —es decir, que funcionen— es necesario comprender qué son los límites y qué se pretende conseguir con ellos. De lo contrario, solo harás una lista de deseos y luego te preguntarás por qué no cambia nada.

Comencemos por ver lo que los límites no pueden lograr.

LO QUE LOS LÍMITES NO PUEDEN LOGRAR

Si esperas que tus límites resuelvan todos tus problemas y simplifiquen a toda la gente complicada que te rodea, te vas a llevar una gran decepción.

Los límites no están diseñados para:

- **Controlar las decisiones de los demás**

- **Solucionar los problemas de otras personas**

- **Hacer que todas tus interacciones sean sencillas**

- **Darte el control absoluto de tu experiencia laboral**

- **Alejarte de todos los idiotas que existen**

- **Convertir tu lugar de trabajo en Disneylandia**

Esto es importante porque tendemos a pensar en los límites como una forma de "lidiar" con personas complicadas. Sin embargo, eso hace que los límites se centren en ellos, cuando deberían hacerlo en nosotros. Son una manera de controlar lo que podemos controlar, no de hacer que los colegas difíciles cumplan con nuestras expectativas por arte de magia.

Las personas complicadas seguirán siendo como son. Incluso puede empeorar durante un tiempo si ya no pueden manipularte, hacerte sentir culpable o molestarte.

Ese es su problema. Esa es su elección. Tú no puedes obligarlas a hacer nada… pero ellas tampoco pueden obligarte a ti. A menos que tú se lo permitas. Los límites son una manera de impedírselo.

El problema es que te frustrarás si consideras que tus límites son reglas que otras personas deben seguir, pues algunas de esas personas son indiferentes e incontrolables. Por ejemplo, si esperas que un compañero de trabajo complicado deje de enviarte mensajes de texto sobre cuestiones laborales cuando estás camino a casa, estás poniendo sobre él la responsabilidad de respetar tu límite. Aunque se trata de una petición razonable que una persona normal respetaría, es probable que una persona verdaderamente complicada no te haga caso.

Sin embargo, son tus límites. Controla lo que puedas controlar. En lugar de enfadarte por su falta de educación, pon tu teléfono en modo "No molestar". Seguro que alguien se enfadará, pero puedes decir educadamente: "Mira, pongo mi teléfono en modo no molestar después de las siete de la tarde porque quiero dedicarle toda mi atención a mi familia". Esto hace que el límite se centre en ti y no en el comportamiento (molesto) de la otra persona.

Una directora general del sector del *fitness* me contó que una de sus subdirectoras, a la que llamaré Sarah, tenía una empleada que le dijo con total sinceridad que no respetaba a las mujeres en puestos de poder. Esta mujer no aceptaba las instrucciones de Sarah ni la escuchaba en absoluto, simplemente por su género.

Eso no solo creó una relación laboral complicada, también hirió los sentimientos de Sarah por razones obvias. La directora general le dijo a Sarah que se pusiera en contacto con Recursos Humanos y también la ayudó a separar el rendimiento laboral de sus creencias, que por supuesto eran tóxicas. La directora general le dijo: "Tu trabajo no es juzgar lo que siente la gente ni enfadarte con alguien por cómo ve las cosas. Estamos aquí para dirigir personas y la forma en la que hacen su trabajo".

Creo que es una perspectiva estupenda en una situación complicada. Sarah no podía controlar la opinión de su compañera de equipo sobre las mujeres en puestos de liderazgo, aunque fuera totalmente ofensiva. Pero sí podía centrarse en el trabajo que tenía en sus manos y asegurarse de que la mujer hiciera el suyo.

Aunque establecer límites no cambia a los demás, sí te cambia a ti: cómo respondes, qué permites, cómo te sientes, cómo te comunicas, qué consecuencias impones y mucho más. Ahí es donde se pueden recuperar la esperanza y la autonomía.

Además de cambiar o controlar a las personas, hay otra cosa que los límites no pueden hacer: resucitar algo que debe darse por concluido.

Hay ciertas relaciones, proyectos, objetivos e incluso trabajos que pueden no tener remedio. En algún momento, es posible que tengas que cortar por lo sano y seguir adelante. Al fin y al cabo, este es un libro sobre la colaboración, no sobre el martirio.

En su libro *Necessary Endings*, el doctor Henry Cloud escribe: "Los finales no son solo parte de la vida; son un requisito para vivir y prosperar, tanto en el plano profesional como el personal. Estar vivo implica que a veces tenemos que aniquilar cosas en las que alguna vez invertimos, arrancar de raíz algo que habíamos cultivado o derribar lo que construimos en el pasado".[66]

Terminar con algo importante es difícil y así debe serlo. Si te resulta fácil poner fin a relaciones, objetivos o trabajos, es posible que ni siquiera estuvieras muy comprometido.

El proceso de poner fin a una relación importante o a un compromiso laboral no debe tomarse a la ligera. Ya lo sabes. Pero cuando sepas que ha llegado el momento, actúa con confianza. No sigas estableciendo límites que se acabarán infringiendo, creando reglas que se acabarán rompiendo, probando estrategias que no funcionarán y rogando a personas increíblemente complicadas que se comporten.

TERMINA BIEN LAS COSAS PARA PODER AVANZAR HACIA UN FUTURO MEJOR.

LO QUE LOS LÍMITES SÍ PUEDEN HACER

Si los límites no sirven para cambiar o controlar a las personas, ¿qué puedes conseguir con ellos? Déjame decirte tres cosas que los límites harán por ti.

I. LOS LÍMITES TE MANTIENEN A SALVO

Una persona verdaderamente complicada, el "casi" de casi cualquier persona, es una amenaza. Hacen que peligre tu rendimiento laboral, tu salud emocional, mental o física, la unidad del equipo, el ambiente de trabajo y el éxito de la empresa.

Por ello, uno de los objetivos de los límites es minimizar esa amenaza. Por ejemplo, tal vez alguien te hace sentir incómodo porque insiste en darte abrazos, masajes en la espalda y cosas por el estilo. Algunos dicen que es ser afectuoso o amistoso, pero tú sientes que eso traspasa una línea. Puedes establecer un límite: "El único contacto físico que permito en el trabajo es dar la mano". Y junto con eso, puedes establecer una consecuencia: "Si infringes ese límite físico, informaré de ello a Recursos Humanos".

¿Es exagerado? ¿Es ser "demasiado sensible" o "difícil de tratar"? No, es razonable, es correcto y tiene que ocurrir. Y es muchísimo mejor que dejar que continúe la situación incómoda, evitar estar en el mismo espacio con esa persona o sentirse amenazado si están juntos en un ascensor o trabajando hasta tarde el mismo día.

Tus límites los decides tú. Debes determinar lo que necesitas para trabajar de manera segura y eficaz. Quizá otra persona establecería límites distintos y eso está bien, siempre y cuando ambos se respeten mutuamente.

Hay que evaluar con cuidado lo que significa "seguro". No puede definirse como "libre de toda incomodidad y molestia", porque la vida está llena de incomodidades y molestias, y a menudo lo que más deseas se esconde al otro lado de ese camino difícil. David Goggins es un exmarine y exmiembro de los Navy SEAL que ha corrido más de sesenta ultramaratones. En su autobiografía, *Can't Hurt Me*, reflexiona sobre todas las dificultades que soportó para alcanzar el éxito y luego dice lo siguiente: "Yo era la suma total de los obstáculos que había superado".[67]

Me encanta esa frase. Superar una cierta cantidad de dolor y dificultad tiene la capacidad de moldearte y forjarte para convertirte en la persona que eres capaz de ser.

Aunque en algunas situaciones hay que superar el dolor, en otras hay que prestarle atención, porque te está tratando de decir algo importante. He visto cómo líderes y amigos que parecían increíblemente fuertes y resistentes terminan sumidos en trastornos de ansiedad porque se exigieron demasiado durante mucho tiempo. Con tal de hacer más o ser más, no escucharon las señales de su cuerpo que les pedían que redujeran el ritmo o establecieran otro tipo de límites.

Intenta encontrar ese equilibrio ideal en el que puedas evitar daños reales, pero sin dejar de atravesar tus propias tormentas.

2. LOS LÍMITES TE HACEN MÁS PRODUCTIVO

Además de proteger tu seguridad como ser humano, los límites también protegen tu productividad como trabajador. Estos deberían, en última instancia, mejorar tu rendimiento y tu entorno laboral. ¿De qué forma?

- **Puedes lograr un equilibrio mejor entre el trabajo y tu vida personal, lo que te permite ir a trabajar descansado y con las pilas cargadas. Estarás de mejor humor y con más energía.**

- **No tienes que perder tanta energía emocional durante el día en interacciones negativas o exigencias imposibles.**

- **Puedes concentrarte en tu propio trabajo sin que te distraigan tareas que, supuestamente, no deberías estar haciendo o arreglando.**

- **Puedes dejar de estar a la defensiva y concentrarte en ser creativo.**

- **Tu ejemplo puede motivar a los demás para que mantengan límites positivos; eso mejora el ambiente de trabajo para todo el mundo.**

Los límites son para ti, pero también sirven para el interés general del equipo. No los veas como exigencias egoístas, sino como una forma de dar lo mejor de ti cada día en el trabajo. Esta mentalidad te da una perspectiva sobre qué límites son razonables y la fuerza necesaria para insistir en aquellos que realmente necesitas.

Si hay una auténtica emergencia que requiere la participación de todos, es posible que tengas que dejar de lado algunos límites durante un tiempo. Todos hemos tenido que "sacrificarnos por el equipo" en alguna ocasión. El éxito del equipo es quizá lo que paga tu sueldo, así que no te molestes si tienes que esforzarte un poco más de vez en cuando. De eso se trata el trabajo en equipo. Pero si las "emergencias" se producen varias veces a la semana, esa es otra historia. Con frecuencia, son estas repetidas infracciones de tus límites las que indican que estás tratando con una persona increíblemente complicada. No dejes que te manipulen para que siempre tengas que hacer excepciones.

Por supuesto, aquí entra en juego el factor del tiempo. Es posible que no se cumpla todo lo que esperas, al menos de inmediato, así que ten expectativas realistas, céntrate en avanzar poco a poco y elige qué límites son "inamovibles" (no negociables, en los que no cederás) y cuáles son "flexibles" (los que podrías ajustar).[68] En cierto sentido, estás creando una cultura de trabajo personal dentro de una cultura de oficina o empresa más amplia. Se necesita tiempo para reajustar las expectativas de las personas sobre tu disponibilidad, a qué reuniones asistes, con qué rapidez respondes a los correos electrónicos, de quién son los problemas que resuelves o qué tareas estás dispuesto o eres capaz de asumir. Sé paciente con los demás y contigo mismo, pero sigue avanzando.

Recuerda que los límites siempre van a ser un poco confusos. No pasa nada. El mundo que te rodea está en constante cambio, lo que significa que tú también tienes que cambiar tus expectativas y hábitos. No podrás grabar tus diez mandamientos de límites en tablas de piedra como un Moisés moderno y no volver a pensar en ellos nunca más.

Esto es especialmente así cuando llega un nuevo grupo de personas complicadas a tu trabajo. No te sorprendas si tienes que dedicar tiempo a replantear tus límites para comunicarlos de nuevo. Es parte de la vida y va a ocurrir.

3. LOS LÍMITES TE MANTIENEN CONECTADO

Esto último es muy importante y creo que no se le da suficiente importancia. A menudo, cuando se trata de límites, nos centramos en los puntos anteriores sobre seguridad y productividad. El problema es que eso puede llevar a una postura muy defensiva, aislada y compartimentada.

Los seres humanos no estamos hechos para vivir así.

Tampoco estamos hechos para trabajar así.

Al fin y al cabo, la magia se da en las conexiones, las interacciones, las diferencias y la complejidad.

Incluso si trabajas con una persona de verdad complicada tienes que trabajar con ella. Los límites no eliminan esa realidad, solo establecen unas reglas básicas que te ayudan a trabajar con esa persona con el daño mínimo y la máxima eficacia.

Los límites consisten en que tú rellenes este espacio en blanco: "Si voy a trabajar contigo, necesito _____". Estás comunicando tu intención de colaborar con las condiciones que lo harán posible. Tus límites son un medio para alcanzar un fin: trabajar juntos de la forma más segura y eficaz posible.

Es evidente que no disfrutarás del mismo nivel de colaboración eficaz que tendrías si ellos se hubieran organizado un poco. Es posible que tengas que minimizar el contacto. Quizá tengas que mantener la relación formal y estrictamente profesional. Puede que sea más una tregua entre enemigos (o "amienemigos") que un acuerdo para ser aliados, pero al menos puedes establecer reglas básicas que permitan una interacción continua. No es lo ideal, pero es tolerable.

Aquí es donde los límites cobran una verdadera importancia. Si no os caéis bien o no estáis de acuerdo en casi nada, aun así, podéis aprovechar los límites para definir vuestras conexiones; esto os conducirá a la colaboración. Tus límites son el punto de conexión. No son lo que los separa, sino lo que los une.

Un límite no pretende ser el muro de un castillo hipervigilado y rodeado por un foso lleno de hambrientos cocodrilos. Es más bien una valla. Puedes visualizar la diferencia entre estos dos divisores de la siguiente forma:

- **El muro de un castillo es DEFENSIVO: su objetivo es mantener fuera a la gente malintencionada.**

- **Una valla DELIMITA: marca la línea entre las propiedades de dos personas, pero sigue permitiendo la conexión y la conversación.**

Puedes hablar con una valla de por medio. Podéis vigilar vuestras propiedades y ayudaros para estar atentos al peligro. Podéis prestaros herramientas o compartir galletas. Cada uno se relaja en su jardín, pero son jardines adyacentes, por lo que siempre están conectados.

El problema con las personas complicadas en exceso es que no suelen entender dónde termina su patio trasero y dónde comienza el tuyo. Invaden tu territorio y anulan tu autonomía. Hacen demandas no razonables. Tienen expectativas ridículas. Secuestran tu tiempo, tu energía y tus habilidades para satisfacer sus necesidades, porque son lo único que les importa.

Los límites se encargan de marcar esa línea, ya que estas personas son incapaces de hacerlo. Es tu forma de recordarles de manera práctica y tangible: "Aquí es donde termina tu influencia sobre mí y comienza mi autonomía".

Mi problema con los límites que se centran demasiado en la defensa es que pueden obstaculizar la colaboración que necesitamos. En una entrevista con una ejecutiva de alto nivel del sector minorista, le pregunté si creía que alguien podía ser un colaborador eficaz sin aportar algo personal. Ella respondió que, en su opinión, no se puede. Tiene que haber algo que les conecte, algún tipo de conexión que la gente pueda percibir y sentir. Me dijo que hay que dejar que la gente se acerque, al menos hasta cierto punto.

Los límites sanos consisten en dejar entrar a la gente a tu mundo sin dejar que lo dirijan. Mejores términos equivalen a mejores conexiones y mejores conexiones equivalen a mayor colaboración.

¿Es fácil? Claro que no. ¿Es posible? Creo que sí. Al menos en la mayoría de los casos. Si no es así, si la persona con la que trabajas te está haciendo daño de verdad y ya has agotado todas las vías disponibles, quizá tengas que dejarlo. Como dije antes, la vida es demasiado corta y tú eres demasiado valioso como para vender tu alma a un entorno laboral tóxico.

Pero no partas de la premisa de que una persona increíblemente complicada significa que estás en el lugar equivocado. Asume lo contrario: si puedes crear y comunicar los límites adecuados, es posible que encuentres la manera de hacer que esta relación laboral funcione.

CÓMO ESTABLECER LÍMITES EFICACES

Hemos dedicado las últimas páginas a hablar de la importancia y los beneficios de establecer límites, tanto para ti como para tus compañeros de trabajo. Sin embargo, al final eres tú quien debe decidir qué límites establecer y cuándo hacerlo.

¿Qué es lo más importante para ti? ¿Qué es lo más urgente? ¿Qué es lo que no estás dispuesto a negociar? ¿Qué peticiones son razonables? ¿Cuándo y cómo debes ponerlas en práctica? ¿Qué tendría que cambiar para que esto suceda?

Estas son preguntas que solo tú puedes responder. Es posible que tengas que luchar con ellas durante un tiempo, pero esa lucha te llevará al progreso. Es un uso mucho más adecuado de tu energía mental y emocional que darle vueltas y estresarte por las tonterías que ha hecho esa persona complicada ese día.

Aquí tienes algunas formas prácticas de empezar a establecer límites eficaces.

I. EMPIEZA CON LÍMITES PEQUEÑOS Y VICTORIAS RÁPIDAS

¿Alguna vez has caminado durante dos horas con una piedra en el zapato porque estabas demasiado ocupado para quitarla? Es increíble cómo molesta algo tan pequeño, y es igual de sorprendente lo rápido que podríamos resolver algunas cosas si nos tomáramos el tiempo para hacerlo.

Si te sientes abrumado, agotado o al borde de la desesperación porque una persona complicada parece empeñada en arruinar tu vida, piensa en algunos detalles que podrías poner en práctica enseguida. Se trata de victorias rápidas o soluciones fáciles que, como mínimo, bajarán un poco la tensión.

Son como trucos, códigos secretos para recuperar al menos una parte de tu autonomía y cordura. Por ejemplo:

- **Ponte auriculares o cierra la puerta para evitar interrupciones.**

- **Desactiva las notificaciones de tu móvil cuando tengas que concentrarte.**

- **Configura respuestas automáticas para cuando no quieras que te localicen.**

- **Programa descansos o momentos de concentración absoluta en tu calendario para que no termines sintiéndote desbordado.**

- **Ten una política de "no préstamos" para los objetos que usas con frecuencia.**

- **Establece con antelación expectativas claras para las reuniones (temas y límites de tiempo).**

- **Pon límites firmes en tus llamadas telefónicas.**

- **Da la mano en lugar de abrazos si los límites físicos son necesarios.**

- **Deja el trabajo en el trabajo, no te lleves el portátil ni el móvil del trabajo a casa todos los días.**

- **Responde correos y mensajes en tu horario (dentro de lo razonable, por supuesto), no en el suyo.**

- **Di "lo añadiré a mi lista de tareas" en lugar de dejarlo todo para atender esa necesidad.**

De las piedritas que más te molestan, ¿cuáles podrían ser las más fáciles de solucionar? ¿Qué cosas hace la gente complicada que te vuelven loco? ¿Qué cosas hace la gente que no es tan complicada que te complican aún más la vida? ¿Cuáles son los puntos débiles y los de tensión?

En cuanto hayas identificado algunos de estos aspectos, plantéate lo siguiente: ¿Qué podrías hacer de manera diferente ahora mismo para aliviar parte del estrés, la presión o la frustración que sientes? Te sorprenderá lo obvias que son algunas de las soluciones, una vez que decides hacer lo que está a tu alcance en lugar de sentirte desesperado por lo que no puedes controlar.

2. PRACTICA EL ARTE DE DECIR "NO"

Establecer límites no tiene por qué herir sentimientos ni provocar una guerra fría. Con esfuerzo y atención puedes hacerlo de una manera amable y sensata que maximice los resultados y minimice las repercusiones negativas.

Decir "no" es una de las cosas que menos me gusta hacer. Por desgracia, la naturaleza de mi trabajo me obliga a rechazar más invitaciones para dar charlas de las que puedo aceptar. Lo detesto. Nunca es fácil decepcionar a alguien. Dedico una cantidad sorprendente de tiempo a buscar formas de rechazar cosas sin dañar una relación o causar situaciones incómodas innecesarias.

Sea cual sea tu línea de trabajo, estoy seguro de que ya has vivido presiones similares. Se espera que asistas a veinte horas de reuniones semanales y que aun así trabajes tus cuarenta horas. Se te presiona para que aceptes un proyecto más cuando ya estás sobrecargado de trabajo y mal pagado. Te avergüenzan sutilmente si no te mantienes al día con los correos electrónicos, incluso durante el fin de semana.

No digas que sí a todo, pero no te niegues de una manera que pueda costarte el trabajo. Dedica algún tiempo a pensar en tu respuesta para que sea lo más amable posible, pero a la vez contundente.

Supongamos que tu complicado jefe se molesta porque no respondiste a su correo electrónico ayer a las ocho de la tarde. En lugar de decir: "Lo siento, no me paga lo suficiente para eso", podrías decir: "¿Sabes?, mis hijos son pequeños y la hora de acostarse es muy importante para nosotros en esta etapa, así que, por lo general, no reviso mi correo electrónico después de salir del trabajo. Pero lo primero que haré por la mañana será responder".

Tal vez un compañero de trabajo que lo deja todo para última hora te suplique que le ayudes a terminar un proyecto en el último momento. En lugar de responder bruscamente: "Ese era tu trabajo y tu irresponsabilidad no es mi urgencia", podrías decir: "Por desgracia, tengo algunas cosas que no puedo cambiar en mi agenda, así que no voy a poder ayudarte con esto hoy. Pero ¿hay algo que pueda hacer más adelante esta semana?".

Fíjate cómo, en estos ejemplos, dices "no" con elegancia y te centras en lo que tú puedes ofrecer en lugar de en lo que ellos deberían o debieron hacer. Tú no tienes que resolver sus problemas, pero sí deberías intentar ser empático con ellos. Sin embargo, en última instancia, es tu responsabilidad establecer tus límites y la de ellos averiguar cómo hacer su trabajo sin sobrepasarlos.

3. NO ES UN LÍMITE SI NO SE COMUNICA

No basta con decirte a ti mismo lo que vas a tolerar y lo que no, tienes que hacérselo saber a los demás. No puedes molestarte con alguien por sobrepasar límites que no sabía que existían. Quizá no tengan problema en trabajar cuando están de vacaciones, y como tú siempre les respondes cuando estás de vacaciones, dan por sentado que a ti tampoco te importa. Eso es culpa tuya, no suya. Tienes que marcar los límites o ellos lo harán por ti.

Recuerda también que las acciones dicen más que las palabras, así que si no respetas tus propios límites con tu forma de actuar y reaccionar, los demás tampoco lo harán. Cuando dices que no harás algo y luego lo haces de todos modos, estás enviando mensajes contradictorios, y ellos creerán el mensaje que más les beneficie.

Esto no es algo que vaya a pasar una sola vez. Muchas veces somos víctimas de lo que podría llamarse "desviación de límites". Marcamos una línea, pero esta se desgasta o se desplaza a causa de todas las excepciones que hacemos. La psicóloga Rebecca Ray afirma que "la desviación de límites se produce cuando alguien pone a prueba una frontera utilizando su relación contigo como base para cruzarla, de forma que, a simple vista, parezca perfectamente aceptable".[69]

Pueden hacer este tipo de comentarios:

- **"¿Puedes hacer esto, solo por esta vez?".**

- **"¿Lo harías por mí?".**

- **"Sé que entiendes lo importante que es esto".**

- **"Estoy seguro de que puedo confiar en ti".**

- **"Nunca me has fallado".**

¿Te suena alguna de estas frases?

Ahora bien, como he dicho antes, puedes hacer excepciones a tus propios límites, pero no olvides que se debilitan cada vez que dejas pasar algo. En el caso de personas realmente complicadas, una sola excepción puede ser suficiente para que descarten tu regla por completo. Quizá estén acostumbradas a salirse con la suya mediante tácticas de manipulación como esta.

Si tus límites son buenos, razonables y los comunicas bien, por lo general no te sentirás obligado a ceder a sus tácticas. Son tus límites, no los suyos, y como están ahí por el bien de su relación laboral, respetarlos también los beneficia.

4. MANTÉN LA COMPOSTURA

No combatas la toxicidad con toxicidad ni lo complicado con complicaciones. Que otra persona se esté comportando de una cierta forma no significa que tú también tengas que hacerlo. Como he comentado en el capítulo anterior, asegúrate de mantenerte fiel a tus valores y tu carácter.

Una de las cosas más importantes que hay que tener en cuenta al establecer límites con personas complicadas son tus palabras. Cuando trazas líneas y estableces normas, es probable que las emociones se desborden. Debes hacer todo lo posible por mantener el equilibrio aunque llegues a sentir muchas emociones. Sin embargo, eso no significa que tengas que decir todo lo que piensas. En su lugar, puedes:

- **Esperar un día antes de enviar ese correo beligerante. Luego vuelve a leerlo y elimina algunas de las partes más duras. Otra opción es usar una herramienta de redaccion con IA para reformular tu primer borrador impulsivo y convertirlo en algo que siga estando escrito en un tono firme pero profesional. Tus emociones acabarán calmándose, pero, amigo mío, los correos electrónicos quedan para siempre.**

- **Decirle a tu colega beligerante: "Déjame pensar en eso un rato", en lugar de transmitirle exactamente lo que piensas en ese momento. Eres humano, no un androide, y el tono de tu voz y tu lenguaje corporal dirán más de ti de lo que querías decir si te enfrentas de inmediato.**

- **Usar un lenguaje profesional y educado, incluso si la persona no lo es. Sigues siendo un profesional. No tienes por qué rebajarte a sus tácticas ni dejar que su conducta dicte la tuya.**

Uno de los problemas con los límites es que solemos esperar demasiado para establecerlos, por lo que hay mucha frustración y dolor acumulados cuando por fin lo hacemos. Eso puede parecer defensivo y vengativo. No te olvides de mantener la compostura. Incluso si te están sacando de quicio, es posible protegerte de manera profesional.

5. APROVECHA EL PODER DE LA DOCUMENTACIÓN

Lleva un registro. Documentar los casos de comportamiento poco profesional o perturbador puede ser muy valioso, sobre todo cuando es necesario hablar con la dirección o con Recursos Humanos. No lo veas como una conspiración contra alguien, sino como una forma clara y objetiva de explicar cómo afecta su comportamiento al rendimiento del equipo y a tu capacidad para colaborar de forma eficaz.

Parte del reto de los conflictos en el trabajo es que muchas veces se basan en sentimientos, y ambas partes los ven o los recuerdan de forma diferente. Si puedes proporcionar documentación que respalde tus límites, es posible que puedas ayudar a las personas complicadas (y a sus supervisores u otras autoridades) a ver por qué son necesarios. Incluso si no están de acuerdo con ellos, al menos tendrán ejemplos específicos de qué comportamientos deben cambiar.

Si alguna vez has establecido límites (y estoy seguro de que lo has hecho, aunque no los llamaras así), es probable que puedas añadir algo a esta lista. Como ya he mencionado, es un arte, lo que significa que puedes seguir practicando, mejorando y aprendiendo.

Odio decirlo, pero establecer límites es una habilidad que necesitarás mientras trabajes con personas. Todo lo que tienes que hacer es buscar en Google "libros sobre límites" o "libros sobre confrontación" para darte cuenta de que este problema ni es nuevo ni va a desaparecer. Algunos de los títulos de los libros también son geniales: *Colaborar con el enemigo... Cómo abrazar un puercoespín... Rodeado de idiotas.* Solo con los títulos ya me siento identificado.

Los límites no resolverán todos tus problemas en el trabajo, pero te ayudarán. Te harán avanzar un poco. Te devolverán parte de tu autonomía y algo de esperanza. Establecerán las reglas básicas para una colaboración eficaz o dejarán claro cuándo hay que poner fin a algo.

No dejes que el "casi" de casi cualquiera se convierta en la pesadilla que te persigue o en la razón por la que dejas tu trabajo. Establece límites saludables, exige respeto y sigue colaborando. Tú eres quien lleva las riendas de tu vida.

CAPÍTULO 12

	A	B	C
1.			
2.			
3.			
4.			

DECISIONES QUE TE CAMBIAN, AUNQUE LOS DEMÁS SIGAN IGUAL

Cuando me contratan para dar una charla en una organización, trabajo con ellos con antelación para determinar el contenido que mejor se adapte a sus necesidades. Normalmente, les pregunto cuáles son sus puntos débiles y los retos a los que se enfrentan sus empleados y directivos.

Nunca olvidaré cuando me estaba preparando para dar una charla a un grupo de novecientos líderes de una compañía aérea de gran tamaño. Me reuní con su equipo directivo varias semanas antes de mi charla para ver cómo podía ayudarles mejor, y uno de sus ejecutivos me pidió que hablara de un tema que ningún líder me había solicitado antes.

EL PERDÓN.

No tengo ningún problema en hablar sobre el perdón. De hecho, empecé mi carrera como conferencista profesional hablando en iglesias. En ese entorno sabía que las personas que me escuchaban ponían su fe a prueba todos los días en el trabajo, por lo que solía emplear ejemplos relacionados con ese entorno. Con el tiempo, los líderes empresariales entre el público empezaron a decirme: "Ryan, ¿por qué no vienes a dar esta charla a mi empresa? Si todos en mi trabajo actuaran como acabas de describir, creo que todo cambiaría. Tendríamos mejor estado de ánimo, mejor servicio al cliente y mejores ventas". Una cosa llevó a la otra y ahora paso mucho tiempo en ambos mundos: el empresarial y el eclesiástico.

Esto es lo interesante del espacio religioso: el perdón es una conversación que se repite cada fin de semana. ¿Por qué? Porque el perdón es mucho más fácil cuando crees que se te concedió primero a ti. Como persona de fe, creo que Dios envió a su Hijo a morir por la humanidad y, gracias a eso, he experimentado el perdón, la paz y la aceptación. Cada fin de semana, el servicio religioso es un momento natural para reflexionar sobre el perdón de Dios hacia nosotros, lo que luego se traduce en llevarlo a los demás.

Pero ese es el mundo de la iglesia. El espacio de la fe. Este ejecutivo de la compañía aérea y las demás personas presentes en la llamada representaban a las empresas estadounidenses. ¿Cómo podía hablar sobre el perdón a un montón de líderes pertenecientes a una compañía de la lista Fortune 100 sin ponerme demasiado religioso? ¿Qué implicaría?

Seguimos hablando. El ejecutivo me dijo que el perdón era una de sus mayores necesidades. Dijo: "Tenemos a mucha gente aquí que se aferra al rencor. Es como si estuvieran hurgando en una herida de hace veinte años, esperando que se cure". Esa metáfora se me quedó grabada por lo gráfica que era. Tenía razón. A veces hay un compañero de trabajo que le habla mal de ti a tu jefe, se atribuye el mérito de una idea o un trabajo tuyo, te culpa de algo que no hiciste, te roba un cliente o una comisión, sabotea un proyecto en el que estabas trabajando, te acosa, te insulta o incluso hace que te despidan.

¿Cuántas veces nos aferramos a las ofensas y rencores del pasado? Sin dejar de darle vueltas en la cabeza, repetimos conversaciones y revivimos traiciones, mientras pensamos que de alguna manera nos estamos ayudando a sanar.

Cualquiera que haya estado en el mundo laboral durante un tiempo seguro tiene experiencias horribles relacionadas con varias de esas situaciones y algunas más. La realidad es que, desde que inicias tu trayectoria laboral, eres susceptible de sufrir cierto grado de ofensa y dolor vinculado con las relaciones.

En nuestra encuesta, el 59 % de los participantes dijo haber experimentado enfado o amargura durante el último año por trabajar con personas complicadas. Esa es una cifra escandalosamente alta. Anteriormente compartí algunos hallazgos relacionados con la salud mental —como las personas que habían tenido pensamientos suicidas— bastante preocupantes. La gente complicada no solo hace que el trabajo sea menos eficiente, también causa un dolor que se nos clava profundo en el corazón y la mente, y crea heridas profundas.

¿Qué haces con ese dolor?

¿Lo ocultas?, ¿lo niegas?, ¿lo entierras?, ¿lo alimentas?, ¿lo lamentas?, ¿lo adormeces?, ¿te pierdes en él?, ¿o lo reconoces, lo procesas y encuentras un modo de seguir adelante?

Ya tratamos los límites, por lo que ahora sabes que el perdón no significa que te tengas que quedar en una situación en la que sufres constantemente. Adelante, establece límites. Pon en práctica todo lo que hemos visto hasta ahora, pero si no llegas a perdonar, probablemente te costará encontrar la paz y sanar.

Eso puede parecer injusto. "¿Por qué tengo que perdonarlos?", te preguntarás. "No se lo merecen. No van a cambiar. Son ellos los que tienen que cambiar, no yo".

Déjame decirte algo: el perdón es para ti, no para ellos.

Se trata de tu libertad, no de la suya.

Se trata de poner las cosas en orden en tu interior, incluso cuando te han hecho daño.

El perdón es un poco como ordenar tu escritorio. De repente hay más espacio para pensar, crear y colaborar. Mucha gente no se da cuenta que el rencor requiere una inversión constante de energía, la cual podrían utilizar para hacer su trabajo.

Entiendo que a veces la gente hace cosas que parecen imperdonables, pero ¿cuál es tu objetivo final con esa estrategia? ¿Evitarlos durante el resto de tu carrera? ¿Odiarlos para siempre? ¿Llevar ese dolor a nuevas relaciones y trabajos? Eso es lo que decía el ejecutivo de la compañía aérea cuando mencionó heridas de veinte años que nunca habían sanado.

Me encanta cómo lo expresa James Clear:

AFERRARSE A LA IRA y al resentimiento es como bucear con un ancla. Mientras te aferres a ella, estarás atado al fondo del mar, con movimientos limitados, incapaz de apreciar los arrecifes de coral y los peces coloridos que aparecen y desaparecen de tu vista.

Perdonar es soltar esa ancla. No se trata de declarar que lo que te hicieron está bien, sino de liberarte para poder nadar con libertad. El perdón es un regalo que te haces a ti mismo. Es el regalo de soltar el peso que estuviste cargando.[70]

Si el perdón es posible —y creo que lo es—, cambia las reglas del juego para ti y para tu empresa.

¿Y cómo narices haces eso? ¿Cómo sueltas el ancla que te mantiene cautivo y te sumerges en las aguas de la libertad?

Pues tomando algunas decisiones.

I. DECIDE QUÉ TIPO DE COMPAÑERO DE TRABAJO QUIERES SER

¿Alguna vez has tenido un colega que decía cosas como "sin ánimo de ofender..." y luego te ofendía? Es como si la advertencia previa le concediera inmunidad diplomática frente a las normas de la integridad humana o la etiqueta social.

Hay otras frases que suelen usarse con el mismo fin. Quizá te hayan dicho algunas:

- **"No es asunto mío..." (se entromete directamente en tu asunto).**

- **"Creo que no debería decir esto..." (lo dice de todos modos).**

- **"No pretendo criticar..." (va y suelta una bomba).**

- **"No quiero parecer grosero..." (hace el comentario más grosero del mundo).**

- **"No te lo tomes a mal..." (dice algo imposible de tomarse bien).**

- **"Odio decirte esto…"** (te dice algo con evidente satisfacción).

- **"No quiero ofender a nadie…"** (ofende a todo el mundo).

Después, la persona se va y continúa con su día, mientras tú te quedas destrozado por una realidad inesperada (que puede ser cierta o no). A veces, sus comentarios imprudentes e insensibles permanecen en tu cabeza durante días, meses o años.

Este tipo de personas suele tener fama de groseras, ofensivas y crueles. Ese es el tipo de compañeros que decidieron ser. Quizá no lo eligieron conscientemente, pero tampoco deciden otra cosa, por lo que se convirtieron en la persona complicada de la que todos los demás tienen que cuidarse.

La buena noticia es que tú puedes elegir cómo quieres comportarte en el trabajo. No tienes por qué dejar que la malicia o el sarcasmo de la oficina te condicionen. No tienes por qué dejar que los chismes o los grupitos te controlen. Sea cual sea tu personalidad, tu educación, tus creencias o tu entorno laboral, puedes elegir qué tipo de compañero vas a ser para los demás. No puedes cambiar el ayer, pero puedes tomar decisiones hoy que transformen tu mañana.

Una de las decisiones que más te definirá en tu trabajo es algo que mucha gente pasa por alto: la decisión de ser una persona indulgente. Los rencores no se superan por casualidad; tú decides soltarlos. En el camino, tú eliges qué tipo de persona vas a ser.

La parte más difícil del perdón es decidir si quieres aceptarlo. La mayoría de la gente prefiere aferrarse a su ira, pero te sorprendería lo que puede ocurrir cuando dices en voz alta "quiero ser alguien indulgente".

Los investigadores que han estudiado los conflictos en el entorno laboral encontraron pruebas convincentes de que, con el tiempo, el perdón conduce de forma directa a mejores resultados laborales e incluso a una mayor satisfacción en el trabajo, un mayor compromiso y menores índices de agotamiento.[71] Recuerda, no es necesario que perdones a las personas solo por su bien; es por tu propio bien. Sirve para mantenerte sano, protegido y en paz.

Por cierto, no tienes que ser una persona indulgente. Nadie te obliga a elegir este camino. Pero debes saber que es posible. No está fuera de tu alcance. Esto no significa convertirte en una alfombra, sino abrir la puerta para convertirte en algo diferente.

Sin ánimo de ofender —no es asunto mío, creo que no debería decir esto, no pretendo criticar, no te lo tomes a mal y no quiero ofender a nadie—, pero si tu actitud predeterminada es la amargura, no estás ayudando a tu yo del futuro.

Sin embargo, estás a una decisión de cambiarlo todo.

¿Qué tipo de compañero quieres ser?

2. DEJA PASAR LAS COSAS SIN IMPORTANCIA

Seamos realistas: la oficina es un caldo de cultivo para los rencores insignificantes. Desde las disputas por el aire acondicionado hasta las guerras por el último donut, las oportunidades para molestarse son infinitas. Y no olvidemos las normas de etiqueta del correo electrónico. Nada alimenta más el rencor que un correo pasivo-agresivo con copia a todo el departamento.

Si te pones a pensar en qué es exactamente lo que te molesta o irrita de tus colegas, quizá te darás cuenta de algo: algunas de esas cosas parecen más importantes de lo que son en realidad. Incluso me atrevería a decir que la mayoría son así.

A diferencia de mis charlas en las que hablo ante mucha gente, mi trabajo como *coach* consiste en escuchar solo a unas cuantas personas. En todos los años que llevo invitando a la gente a contarme los problemas urgentes y apremiantes que ocupan su mente, me tocó ver a muchísimos clientes caer en la cuenta, en ese mismo instante, de algo esencial. Mientras me describen en voz alta —a mí, una persona ajena y neutral— los fracasos, las traiciones, los conflictos o las agresiones que les parecen trascendentes, suelen detenerse y decir: "Todo esto empezó siendo algo pequeño, pero ahora es algo enorme… Supongo que le estoy dando más importancia de la que debería".

Todos hemos pasado por eso. Las pequeñas quejas tienden a cobrar vida propia si no se resuelven enseguida y a veces incluso se convierten en auténticas disputas. Leí una historia sobre alguien que estaba cansado de que un compañero de trabajo hablara a gritos por el teléfono de su mesa todo el tiempo, así que un día llegó temprano, desmontó el micrófono del teléfono y escondió un trozo de salami con mostaza dentro. Durante los siguientes días, empezó a oler mal y su compañero no encontraba a qué se debía.

Otra persona iba tan justa de dinero que un día se llevó al trabajo para comer solo un tarro de compota de manzana. Alguien lo robó del frigorífico, se lo comió todo y dejó el tarro vacío en la mesa. Así que el dueño de la compota abrió el frigorífico y tiró la comida de todos, gritando: "¡Si yo no puedo comer, nadie lo hará!" (por suerte, Recursos Humanos intervino y compró pizza para todos).

Puede que sean historias tragicómicas, pero los actos mezquinos de venganza no son una solución sostenible ni saludable; te mantienen obsesionado con cuestiones que no merecen tu tiempo y energía. Eso solo empeora tu sufrimiento, no lo mejora. Un investigador que estudió la venganza resumió así sus conclusiones: "Una de las cosas que hacen las personas vengativas sin querer es prolongar el encuentro desagradable. Los que no tienen la oportunidad de vengarse se ven obligados, en cierto sentido, a seguir adelante y centrarse en otra cosa. Y se sienten más felices".[72]

Entonces ¿cómo gestionar las ofensas y los rencores insignificantes? Primero, reconócelos por lo que son: cosas sin importancia. En una visión global de las cosas, ¿de verdad vale la pena perder el sueño por el hecho de que alguien te haya robado la taza de café? Quizá no. En lugar de planear tu venganza escondiendo su ratón (por tentador que sea), intenta reírte… aunque sea más bien una risa del tipo "me río por no gritar".

En segundo lugar, decide dejarlo pasar. La belleza de dejar pasar los rencores insignificantes es que deja espacio para cosas más importantes, como disfrutar de tu trabajo o colocarte en una mejor posición para conseguir ese ascenso. Además, cuando dejas de preocuparte por pequeñeces, te haces inmune a los dramas de la oficina.

DESPERDICIAMOS TIEMPO Y ENERGÍA LAMENTÁNDONOS Y ESTRESÁNDONOS POR EL PASADO EN LUGAR DE AVANZAR CON ESPERANZA.

¿Insultos? ¿Malentendidos? Te resbalan. De pronto, ya no solo estás soportando tu trabajo, sino que estás prosperando, y todo porque decidiste que las minucias no te tuvieran prisionero.

Dejar pasar las cosas sin importancia no hace que las personas complicadas tengan razón, pero sí te libera.

A veces nos aferramos demasiado tiempo a las cosas. Nos tomamos todo como algo demasiado personal. Recordamos insultos que tendríamos que olvidar. Interiorizamos asuntos que deberíamos sacudirnos de encima. Creemos las críticas de personas que ni siquiera nos conocen y cuyas opiniones no importan.

Nos hacemos más pequeños, no más grandes; más duros en lugar de más blandos; más amargados en lugar de mejores.

Además de nuestra libertad, hay otra ventaja en dejar ir las cosas sin importancia con rapidez y facilidad: podemos encontrar algo positivo escondido en lo complicado. Puede que sea una verdad que necesitábamos escuchar o que lleguemos a comprender mejor a la otra persona. Tal vez logremos que nuestro carácter o carrera mejoren, pero si nos centramos demasiado en el desastre que es el mensajero, podemos perdernos el regalo que hay en el encuentro.

Esto no es fácil. Cuando alguien nos critica o nos contradice, sienta muy bien decir: "No sabe de lo que está hablando. Tiene algo en contra de mí. No ve el contexto completo. Así es él. Qué idiota. Qué imbécil".

Por desgracia, incluso los imbéciles pueden tener razón. Incluso los idiotas pueden decirte algo que necesitas oír.

Si rechazas algo que es cierto solo porque no te agrada la persona que lo dice, es como rechazar un paquete de Amazon porque el repartidor fue grosero contigo. Lo más importante es lo que hay dentro de la caja, no cómo llega. Cuando te sientas molesto o herido, tómate un minuto para evaluar esta pregunta: "¿Qué regalo me están dando dentro de este paquete complicado?".

No es necesario que esa persona te agrade ni que la respetes para aprender de ella. Quizá el 80 % de la interacción sea una tontería. Elige ignorar las tonterías, pero aférrate al 20 % que es útil. Es un regalo.

Estoy convencido de que aprender a dejar ir las cosas insignificantes nos prepara para soltar las importantes. Aquí es donde el perdón se convierte en algo complicado, pero también poderoso. Quizá te traicionó tu pareja o un compañero de trabajo hizo que te despidieran injustamente; tal vez otro vendedor te robó tu cuenta más importante o tu empresa eliminó tu puesto después de veinte años de fiel servicio. Cosas como esas duelen muchísimo, pero no son el final de tu historia.

A decir verdad, gran parte del crecimiento que he experimentado en la vida se debe, en gran medida, al dolor. Así somos los seres humanos. A veces la vida tiene que darnos una patada en el trasero para que nos pongamos en marcha. Por desgracia, la vida suele utilizar a personas complicadas para dar esa patada.

Lo que hicieron no debió suceder. Pero sucedió y, aunque te dolió, también te moldeó y resurgiste como alguien más fuerte al final.

Elige dejar ir las cosas sin importancia (incluso las que puedan importar un poco). No vale la pena malgastar tu tiempo, tu energía o tu fuerza en ellas. Hay demasiadas cosas buenas esperándote ahí fuera.

3. PONLE FECHA DE CADUCIDAD A LA AMARGURA

Se hiere a la gente. Se cometen ofensas. Las personas son complicadas y dicen y hacen tonterías. Te ignoran. Mienten sobre ti. Te miran de una forma que provoca que te sientas mal. Hacen un comentario poco respetuoso acerca de tu cultura.

A veces todo esto es accidental y otras intencionado. No se puede hacer nada para evitar que pase, pero sí puedes preparar un plan para cuando suceda.

Este es el plan: sufre, pero no te quedes en el sufrimiento.

Cuando ocurra algo malo, empieza por reconocer el daño que ha causado y el dolor que sientes. No obtendrás ningún mérito ni una bonificación por engañarte a ti mismo pensando que estás totalmente bien cuando no lo estás ni creyendo que no ha pasado nada cuando sí pasó. Si alguien te hizo o dijo algo que te sacó de tus casillas, enfádate, conserva el resentimiento durante un tiempo.

Creo que esto es importante si no tienes la oportunidad de enfrentarte a esa persona o de hablar con ella. Es posible que necesites algo de tiempo para procesar el dolor. No hay nada de qué avergonzarse.

¿Alguna vez, mientras hablabas con un amigo sobre lo mucho que te había herido otra persona, te interrumpió a mitad de la frase para decirte: "Mira, es mejor que lo olvides". ¿Que lo olvide? Como si fuera tan fácil. ¿Y quién eres tú para decirme eso? No eres la víctima. A veces tienes la sensación de que la gente quiere que perdones y olvides porque tu dolor les hace sentir incómodos.

El perdón tiene que ser diferente y más profundo que eso. Tiene que ser una decisión que tomes por ti mismo y para ti, no porque te hayan obligado a hacerlo.

No tienes que olvidar lo que se hizo ni fingir que no fue algo horrible. Pero puedes criticar con objetividad el comportamiento ofensivo de alguien y, al mismo tiempo, elegir no guardarle rencor hasta el día de tu muerte. Puedes desconectar el deseo emocional de hacerle pagar. Al fin y al cabo, odiar a la gente así es agotador. Cuando guardas rencor a alguien para siempre, no le estás condenando a cadena perpetua, te la estás imponiendo a ti mismo.

¿De verdad necesitas llevar la cuenta? ¿Eso te ayuda? Cuantas más marcas añadas a esa lista interna de agravios, más peso y odio tendrás que arrastrar contigo. No creo que nadie en su lecho de muerte desee haber guardado más rencor, haberse ganado más enemigos o haber odiado a más gente. Ese tipo de angustia interior te consumirá y no te dejará nada a cambio.

Así que sí, permítete sentir todas las emociones. Pero no te quedes ahí para siempre. No te conviertas en alguien que siempre está enfadado, herido o amargado. He visto a demasiadas personas instalarse en la ira hacia sus compañeros y luego no encuentran la forma de salir de ahí.

Aquí tienes una estrategia que puedes utilizar. Imagina lo que sea que te hayan hecho, desde lo más insignificante hasta lo más atroz. Vuelve a la escena del crimen, mira la ofensa de forma objetiva y pregúntate: "¿Cuánto tiempo quiero que esto me afecte?".

Es una pregunta sencilla, pero importante. ¿Cuál es tu plan y tu objetivo? ¿Hasta cuándo vas a dejar de lamentarte y de odiar a esa persona?

No creo que ningún ser humano en el planeta vea cómo se comete una ofensa y diga: "Me encantaría que esto me afectara durante las próximas dos décadas", y sin embargo hay personas que lo permiten.

Ahora bien, entiendo que puede haber un trauma profundo y duradero asociado con un comportamiento dañino. La mayoría, tal vez todos, hemos experimentado cosas dolorosas que permanecerán con nosotros para siempre e incluso ayudaron a dar forma a quiénes somos. Si bien no podemos decidir no sentir esas cosas, podemos decidir no convertirnos en personas amargadas.

Así que emite una orden de desalojo para tu rencor. Elige una fecha en el calendario en la que quieras superar esto. Quizá te des seis meses para liberar tus frustraciones. Cuando llegue esa fecha, el pasado no cambiará, pero tu futuro sí. Te estás dando permiso para seguir adelante.

Si eso requiere esfuerzo, hazlo. Si requiere terapia, ve. Si requiere conversaciones difíciles, apúntalas en el calendario. Tu objetivo es dar pasos activos para dejar atrás estas situaciones en la medida de tus posibilidades, para que así puedas liberar tu *yo* futuro.

4. DECIDE PERDONAR A TUS COLEGAS ANTES DE QUE TE HAGAN DAÑO

Hace poco asistí a un evento con el doctor Phil, presentador de televisión y escritor. Mencionó que las personas tomamos dos tipos de decisiones. Algunas son pequeñas, como qué vamos a comer o qué ropa vamos a ponernos, mientras que otras son "decisiones vitales" sobre nuestros valores y comportamientos. Estas elecciones las tomamos una vez y nunca tenemos que volver a replantearlas. Por ejemplo, el doctor Phil decidió hace mucho tiempo que, en los negocios, siempre sería "más justo" que la otra persona. En otras palabras, decidió que en las negociaciones siempre quería que la otra parte saliera ganando. Así nunca se tiene que cambiar de banco cuando ve venir a alguien. Al contrario, sabe que lo trató con generosidad. No tiene que evaluar cómo se va a comportar cada vez que está en una negociación porque esa elección vital lo guía.

Cuando lo escuché hablar, mi mente se trasladó enseguida a una decisión vital que tomé hace mucho tiempo: elijo perdonar a las personas antes de que me lastimen. Si alguien me insulta, me traiciona, habla a mis espaldas o hace cualquier otra cosa que me hace daño, no tengo que decidir en cada ocasión si voy a perdonarlo o no. Por supuesto, su crueldad me dolerá, pero no voy a permitir que esos momentos de dolor se conviertan en meses o incluso años de amargura. Voy a perdonarlos.

A esto lo llamo "perdón previo". Consiste es decidir que voy a perdonar a las personas que aún no me han hecho daño. Alguien de mi equipo podría mostrarse grosero conmigo porque tiene problemas que yo no puedo ver. Alguien podría colarse delante de mí en la fila de seguridad del aeropuerto. Alguien podría cancelar una conferencia.

Yo decido dejar pasar todo eso antes de que ocurra. He decidido estar predispuesto al perdón. Me anticipo a su humanidad esta semana y espero que ellos hagan lo mismo.

Recuerda que si vas a trabajar con personas (los robots son una posibilidad, pero también son complicados), las que traen defectos son tu única opción. Ojalá no fueran así. Quizá si nos pareciéramos más a las hormigas, las abejas o los pájaros, nos moveríamos juntos en perfecta armonía, construiríamos cosas hermosas y nunca heriríamos los sentimientos de los demás. Pero claro, también estaríamos muy abajo en la cadena alimenticia y eso sería un gran inconveniente. Yo prefiero ser humano. En el gran esquema de la vida, ser superdepredador es incluso mejor que tener una tarjeta platino de una compañía aérea.

Tal vez no sabías que el perdón previo fuera una opción, pero lo es. Sin embargo, eres tú quien tiene que elegirlo. Se trata de decidir con antelación quién vas a ser, cómo te vas a mostrar cuando la tensión suba y qué eres capaz de hacer.

En otras palabras, ya que no puedes planificar cómo lidiar con personas complicadas, traza un plan para perdonarlas. ¿Ves la diferencia? Algunas personas van al trabajo como Igor el burro, esperando lo peor y viéndolo en todas partes, y luego, como era de esperar, se deprimen. ¿Qué pasaría si fueras al trabajo esperando que algunas cosas salieran mal, pero también con mucha confianza en tu capacidad para dejarlas pasar?

Por cierto, es más fácil perdonar en una fase temprana que cuando las tensiones están al máximo y la rabia aumenta. Si esperas hasta el momento de la ofensa para decidir qué hacer con el jefe, cliente o colega… suele ser demasiado tarde para ser quien quieres ser.

Decide perdonar con antelación y, cuando llegue el momento, tomarás las decisiones que de verdad quieres tomar.

5. SIGUE ADELANTE

Perdonar no es olvidar, es elegir seguir adelante. He visto a personas que, en su trabajo actual, aún cargaban con el resentimiento que acumularon en su último empleo. Han pasado cinco años desde la ofensa y siguen haciendo pagar a alguien por lo que hizo otro que ya no está presente.

No tiene por qué ser así. Puede haber vida después del daño, del dolor, de la traición, de la ofensa.

Un amigo que es director de personal me contó sobre una traición que había sufrido hacía años. Trabajaba de jefe y otra empresa lo estaba teniendo en cuenta para ofrecerle un cargo de alto directivo. Era un puesto de ensueño y él era uno de los dos candidatos finales. Cuando se acercaba el final del proceso de entrevistas, la nueva empresa llamó por teléfono al dueño de la empresa en la que entonces trabajaba y le preguntó si consideraba que mi amigo estaba listo para ser parte de un equipo ejecutivo.

El dueño dijo que no.

La nueva empresa eligió al otro candidato basándose en ese comentario.

Cuando mi amigo se enteró de lo sucedido, no podía creerlo. Fue a ver al dueño y le preguntó por los motivos que le hicieron decir eso. La respuesta fue tan simple como despiadada. "Porque si te contrataban, yo tenía que buscar otro jefe".

Eso es prácticamente imperdonable, ¿no? Ese jefe estaba dispuesto a frenar la carrera de alguien por puro egoísmo. Mi amigo tenía que seguir adelante como fuera. Al final lo acabó contratando una empresa increíble y ese incidente ya es agua pasada. Pero no quiero ni imaginar el dolor y la amargura que tuvo que soportar mientras siguió trabajando para el que lo había apuñalado por la espalda con tanta crueldad.

He escuchado muchas otras historias. En mi profesión me relaciono con mucha gente del mundo de los negocios, y algunas de las cosas que suceden me hacen dudar de la humanidad. Una persona me contó que su socio lo abandonó, se llevó todo el dinero y huyó a otro país sin que se supiera nada más de él. He conocido a personas que perdieron millones de dólares por culpa de las acciones de otros o que perdieron los ahorros de toda su vida, o que fueron despedidas injustamente de sus trabajos y nunca volvieron a encontrar un empleo similar. Una persona me contó que era un alto ejecutivo y que alguien manipuló a su jefe para que lo despidiera. Hoy en día es un jefe júnior que gana la mitad y cada nómina le recuerda cómo lo estafaron.

He notado en mis conversaciones que algunas personas no lo superan. Andan por ahí con una herida abierta y se nota. Incluso las ofensas menores parecen afectarles. Gastan mucha energía en los porqués y los "qué habría pasado si" irresolubles e inamovibles que les persiguen como fantasmas. Tomaron la decisión mental de no volver a confiar nunca más, no volver a acercarse ni dejar entrar a nadie. Como resultado, su mundo se volvió más pequeño.

Tampoco suelen gestionar bien los conflictos. Cuando se sienten amenazados, o bien disparan primero y preguntan después, o se rinden, asumiendo que una vez más se han aprovechado de ellos. Ninguna de esas reacciones instintivas de lucha o huida es saludable, pero ¿qué más se puede hacer cuando el pasado parece más real que el presente y el futuro puede ser peor que todo lo anterior?

He hablado con otras personas que sí siguieron adelante, como mi amigo, el director de personal. Tal vez nunca vuelvan a ser las mismas que antes y siempre sientan cierto dolor cuando recuerdan esa ofensa. Pero aquí está la clave: no la recuerdan muy a menudo. De alguna manera fueron capaces de desviar su atención y energía de lo que les pasó y centrarse en lo que pueden hacer ahora. Han mantenido intacta su autonomía al hacerse responsables de lo que pueden controlar: su reacción ante lo que han vivido.

Por cierto, no creo que nadie supere las cosas al instante. Quizá pueda parecer que algunas personas lo logran porque entierran sus sentimientos y siguen adelante como si nada hubiera pasado, pero esa no es una buena estrategia a largo plazo. Los sentimientos enterrados, como los zombis, tienden a volver una y otra vez.

La capacidad de recuperarse, adaptarse y seguir adelante a pesar del daño que nos han causado es uno de los aspectos de lo que se suele denominar resiliencia, que se refiere a la capacidad de responder al estrés y a las experiencias negativas de una manera saludable. Ser resiliente no significa que nunca experimentes emociones desagradables, sino que sabes qué hacer con ellas cuando aparecen. En general, cuando las personas menos resilientes pasan por un momento difícil, tienden a culparse más a sí mismas, sobrevalorar lo mala que es su vida y ver las circunstancias como permanentes e inmutables.[73]

Yo no quiero esos resultados. Parecen terribles.

El perdón es una parte de la solución. Te permite superar el dolor y llegar entero al otro lado. A mí me interesa desarrollar una mayor "resiliencia al rencor", por llamarlo de alguna manera. Quiero mejorar en mi capacidad para seguir adelante y no dejar que cualquier persona complicada o acción ofensiva me saque de mi camino. Sí, sé que puede llevarme un tiempo superar todos mis sentimientos, pero quiero seguir adelante.

¿Cuál es tu grado de resiliencia cuando te hieren y te ofenden? ¿Eres capaz de adaptarte y recuperarte? ¿Puedes procesar sentimientos intensos de una manera positiva? ¿Puedes seguir adelante aunque todavía sangres un poco, cojees o llores tu pérdida, o la ofensa te derribará y te arrastrará en una ola de negatividad?

Sé que es difícil y sé que parece injusto, pero puedes hacer cosas difíciles y ganar en la vida incluso cuando te trata de forma injusta.

DECIDIR SEGUIR ADELANTE ES ELEGIRTE A TI.

Significa tomar la decisión que necesitas. El dolor y el odio no ayudan. La amargura y el deseo de venganza solo logran robarte la paz y la alegría. Ha llegado la hora de dejar todo eso atrás y dejar entrar la libertad que se encuentra en el perdón.

DECIDE:

SER el tipo de compañero que quieres ser, sin importar cómo se muestren los demás.

DEJAR PASAR las cosas sin importancia y recordar que la mayoría no tiene importancia.

PONER fecha de caducidad a la amargura y no convertirla en una compañera para toda la vida.

PERDONAR a tus colegas con antelación para que estés listo cuando la gente complicada haga cosas complicadas.

Y LO MÁS IMPORTANTE:

DECIDE seguir adelante para vivir una vida plena y libre todos los días.

x Ryan

CONCLUSIÓN

Si te pidiera que resumieras este libro en una sola palabra, ¿cuál sería?

¿COMPLICADO?

Eso tendría sentido. Al fin y al cabo, usé esa palabra 1.160 veces en doce capítulos. Además, es probable que trabajes para una empresa complicada con líderes complicados que toman decisiones complicadas con efectos en miembros del equipo complicados con personalidades complicadas y vidas personales complicadas que viven en un mundo complicado con problemas complicados. Por eso tienes "complicado" en mente.

Sin embargo, ese no es el término con el que me quedo ni la conclusión que espero que tú saques. Si tuviera que elegir una palabra para resumir toda la investigación, la experiencia, el pensamiento y el trabajo que hay detrás de este libro, sería esta:

ESPERANZA.

Hay esperanza para tu socio cascarrabias, para tu jefe problemático, para tu empleado molesto. Hay esperanza para tu interacción desordenada y a veces dolorosa con esa persona. Hay esperanza para ti porque eres tú quien está leyendo estas palabras, lo cual significa que te tomas en serio la búsqueda de un camino a seguir.

Puede que ahora mismo te sientas frustrado o desesperado, pero la historia no ha llegado a su fin. Creo sinceramente que si te relacionas con personas complicadas desde la comprensión, el conocimiento y la esperanza empezarás a ver cambios en tu relación laboral. Tendrás menos roces y más libertad. Encontrarás maneras de construir puentes hasta llegar a ese maravilloso y amplio mundo de la colaboración eficaz.

No puedes ponerle un plazo porque los seres humanos son impredecibles e incontrolables, pero puedes esperar, puedes planificar y trabajar para conseguirlo. Aunque ellos no cambien, tú sí lo has logrado y sigues haciéndolo. Eso es bastante para marcar una gran diferencia.

Si quieres compartir las historias relacionadas con tu trabajo con gente complicada, me encantaría conocerlas, ya que nos ayudarán a encauzar nuestras futuras investigaciones. Envíame un correo electrónico a **info@ryanleak.com** y, cuando cuentes tu historia, ¡por favor cambia los nombres para proteger a los inocentes! Lo bueno, lo malo, lo feo, lo divertido, lo trágico, lo increíble… todo forma parte del ser humano y de trabajar con ellos.

La próxima vez que entres con tu complicada personalidad en tu complicado trabajo, hazlo con esperanza y confianza. Tú puedes marcar la diferencia con cada interacción y cada persona.

AGRADECIMIENTOS

A mi bella mujer, Amanda, gracias por tu apoyo y amor inquebranta-bles, sobre todo cuando nuestra agenda y nuestra vida pueden ser un poco… complicadas. Eres mi ancla.

A mis increíbles hijos, Jaxson y Roman, gracias por su energía ili-mitada y su inspiración infinita. Me recuerdan cada día la importancia de la curiosidad, la alegría y el amor incondicional.

A Jared Cagle, gracias por ayudarme a fabricar un avión en el aire. Tu flexibilidad e ingenio han sido cruciales para que este proyecto des-pegara.

A McKenzie Decker, gracias por ser la persona adulta en la sala que nos mantuvo centrados en nuestros objetivos reales para este libro cuando preferíamos hablar de deportes. Tu liderazgo nos per-mitió lograr mucho más de lo que jamás habríamos imaginado con este libro.

A Chris Robinson, gracias por tu positividad e influencia a lo largo de este viaje. Fuiste increíblemente generoso con tus conocimientos y tus relaciones, y tu apoyo fue crucial en esta etapa de mi vida.

A Chad Johnson, gracias por estar dispuesto a arriesgar tu repu-tación por mí. No tenías por qué hacer todos los contactos que hiciste, pero te arriesgaste varias veces y nunca lo olvidaré.

A Justin Jaquith, eres un regalo de Dios en mi vida. Este libro no existiría sin tu genialidad. Me ayudaste a llevar todas mis ideas un paso más allá. Gracias por adaptarte a mi ritmo para ayudar a que este libro se hiciera realidad.

A Whitney Gossett, gracias por ser el tipo de persona que aprove-cha todas sus relaciones para aportar valor a los demás. Tu genero-sidad y tus contactos tuvieron una importancia enorme en el proceso de creación de este libro.

A Jason Dorsey, gracias por acompañar a mi equipo en la investiga-ción sobre cómo trabajar con personas complicadas. Tus aportaciones al libro y a mi carrera fueron de un valor incalculable.

A Rory Vaden, gracias por mostrarme el valor de los pequeños avances y ayudarme a salir de mi zona de confort. Tu sabiduría fue transformadora.

A Rodrigo Corral y a tu equipo, habéis cambiado mi vida. Gracias por ayudarme a escribir más que un simple libro. Me ayudasteis a ver que podíamos ofrecer una experiencia a los lectores. Gracias a vosotros, quiero que todo lo que hago sea de primera.

A Jen Gingerich y al equipo de Forefront Books, muchas gracias por seguirme el ritmo en este proyecto. Su edición, orientación y conocimientos a lo largo del camino aportaron un gran valor a este libro.

A Shawn Hanks y a Premiere Speakers Bureau, gracias por confiar en mí en escenarios de todo el mundo para poder compartir este mensaje.

Al Comité, no sería quien soy sin vosotros. *Tashi delek.*

NOTAS

1. "The Employee Expectations Report 2022", Oyster, email.oysterhr.com/hubfs/The-Employee-Expectations-Report-2022.pdf.
2. Disponible en ryanleak.com. El estudio de investigación se llevó a cabo en línea del 6 de febrero de 2024 al 19 de febrero de 2024. El margen de error es de +/-3,1 puntos percentuales.
3. Mel Robbins, publicación en Threads, 5 de febrero de 2024, www.threads.net/@melrobbins/post/C2-7RgcRzxH.
4. Alain de Botton, "Why You Will Marry the Wrong Person", *New York Times*, 28 de mayo de 2016, www.nytimes.com/2016/05/29/opinion/sunday/why-you-will-marry-the-wrong-person.html.
5. Stephen M. R. Covey, *The Speed of Trust: The One Thing That Changes Everything* (Free Press, 2006), 13.
6. Por ejemplo, consulta Arkadiusz M Jasiński y Romuald Derbis, "Work Stressors and Intention to Leave the Current Workplace and Profession: The Mediating Role of Negative Affect at Work", *International Journal of Environmental Research and Public Health,* vol. 19,21 13992. 27 de octubre de 2022, DOI: 10.3390/ijerph192113992. Su conclusión es que "los conflictos interpersonales en el trabajo son el indicador más fiable de afecto negativo en el trabajo".
7. Nicholas A. Christakis y James H. Fowler, *Connected: The Surprising Power of Our Social Networks and How They Shape Our Lives* (Hachette UK, 2009), 28.
8. Donald Miller, *A Million Miles in a Thousand Years: What I Learned While Editing My Life* (Nashville: Thomas Nelson, 2009), 206.
9. Chantel Prat, *The Neuroscience of You: How Every Brain Is Different and How to Understand Yours*, edición Kindle (Penguin Publishing Group (2022), 71.
10. *Ibid.*, 3.
11. R. Nicholas Carleton, "Into the Unknown: a Review and Synthesis of Contemporary Models Involving Uncertainty", *Journal of Anxiety Disorders*, 39 (2016), 39, 10.1016/j.janxdis.2016.02.007.
12. Scott Gornto, *The Stories We Tell Ourselves* (Auxano Publishing, 2014), 15.
13. Brené Brown, *Rising Strong: How the Ability to Reset Transforms the Way We Live, Love, Parent, and Lead* (Random House, 2017), 122.
14. "Junior Achievement National Business Hall of Fame Recognizes Eight Outstanding Business Leaders", comunicado de prensa, 25 de febrero de 2000, Halstead Communications, www.newswise.com/articles/junior-achievement-national-business-hall-of-fame.

15. Mitchell Mannering, "The Sign of the Spear: The Story of William Wrigley, Who Made Spearmint Gum Famous", *National Magazine* (1912), todayinsci.com/W/ Wrigley_William/WrigleyWilliam-NationalMagazineBio(1912).htm.

16. Citado en "When Two Men in Business Always Agree, One of Them Is Unnecessary", quoteinvestigator.com (4 de abril de 2015), quoteinvestigator. com/2015/04/04/agree/.

17. Chantel Prat, *op. cit.*, 298.

18. "Mindset", merriam-webster.com.

19. Gary Klein, "Mindsets: What They Are and Why They Matter", *Psychology Today*, publicación en blog, 1 de mayo de 2016, www.psychologytoday.com/ us/blog/seeing-what-others-dont/201605/mindsets.

20. En caso de que tengas curiosidad por conocer cómo se clasificaron los otros beneficios que entraron en el cuestionario, los resultados fueron: mejor comunicación (el 34 %), mejor retención de empleados (el 30 %), mejora de salud mental (el 29 %), aumento del compromiso (el 27 %), más concentración (el 21 %), mayor confianza en la empresa (el 18 %) y un aumento en la innovación (el 12 %).

21. M. R. Leary y N. R. Buttermore, "The Evolution of the Human Self: Tracing the Natural History of Self-Awareness*", Journal for the Theory of Social Behaviour* (2003), 33: 366.

22. Consulta la discusión de Woolley *et al.*, "Evidence for a Collective Intelligence Factor in the Performance of Human Groups", más adelante en este capítulo.

23. Steven Furtick, *Do the New You: 6 Mindsets to Become Who You Were Created to Be* (Nueva York: FaithWords, 2024), 25.

24. Michael Caire, Vamsy Reddy y Matthew Varacallo, "Physiology, Synapse", actualizado el 27 de marzo de 2023 (StatPearls Publishing, 2023), www.ncbi.nlm. nih.gov/books/NBK526047/#.

25. Human Brain Project, "Energy Efficiency of Neuromorphic Hardware Practically Proven", comunicado de prensa, 24 de mayo de 2022, www.humanbrainproject.eu/en/follow-hbp/news/2022/05/24/energy-efficiency-neuromorphic-hardware-practically-proven/.

26. Anita Williams Woolley, Christopher F. Chabris, Alex Pentland, Nada Hashmi y Thomas W. Malone, "Evidence for a Collective Intelligence Factor in the Performance of Human Groups", *Science*, vol. 330, 29 de octubre de 2010, 686-688.

27. Derek y Laura Cabrera, *Flock Not Clock: Design, Align, and Lead to Achieve Your Vision*, edición Kindle (New York: Plectica Publications, 2018), 21-22.

28. Howard Gardner, "There are 8 classes of intelligence. Which are you?", *Big Think*, bigthink.com/the-well/classes-of-intelligence/.

29. Patrick Heck *et al.*, "65 % of Americans Believe They Are Above average in Intelligence: Results of Two Nationally Representative Surveys", *PloS One*,

vol. 13,7 e0200103, 3 de julio de 2018, www.ncbi.nlm.nih.gov/pmc/articles/PMC6029792/.

30. Cary Cherniss, Melissa Extein, Daniel Goleman y Roger P. Weissberg, "Emotional Intelligence: What Does the Research Really Indicate?", *Educational Psychologist*, 41:4 (2006), 240, DOI: 10.1207/s15326985ep4104_4.

31. Robert Cerone, "How (and Why) to Boost Your Adaptability Quotient", *Forbes*, 20 de diciembre de 2019, www.forbes.com/sites/robertcerone/2019/12/20/how-and-why-to-boost-your-adaptability-quotient/?sh=4070758f6918.

32. Martin Reeves y Mike Deimler, "Adaptability: The New Competitive Advantage", *Harvard Business Review*, julio-agosto de 2011, 135-137.

33. Meryl Kornfield, Kim Bellware y Hannah Knowles, "At First, Cat Lawyer Was Embarrassed. Then He Realized We All Could Use a Laugh", *The Washington Post*, 9 de febrero de 2021, www.washingtonpost.com/technology/2021/02/09/cat-lawyer-zoom-filter/.

34. Bill Boulding, "For Leaders, Decency Is Just as Important as Intelligence", *Harvard Business Review*, 16 de julio de 2019, hbr.org/2019/07/for-leaders-decency-is-just-as-important-as-intelligence.

35. Stephen Trzeciak, Anthony Mazzarelli y Emma Seppälä, "Leading with Compassion Has Research-Backed Benefits", *Harvard Business Review*, 27 de febrero de 2023, hbr.org/2023/02/leading-with-compassion-has-research-backed-benefits.

36. Cameron Anderson, Daron L. Sharps, Christopher J. Soto y Oliver P. John, "People with Disagreeable Personalities (Selfish, Combative, and Manipulative) Do Not Have an Advantage in Pursuing Power at Work", *Proceedings of the National Academy of Sciences*, 117(37), 22780-22786, doi.org/10.1073/pnas.2005088117.

37. Laurence, Peter Jr., *Peter's Quotation Ideas for Our Times* (Nueva York: William Morrow, 1977), 521.

38. Anita Lettink, "No, *Millennial*s will NOT be 75 % of the Workforce in 2025 (or ever)!", publicación en el blog (16 de septiembre de 2019), www.linkedin.com/pulse/mil-lennials-75-workforce-2025-ever-anita-lettink.

39. Emma Parry y Peter Urwin, "Generational differences in work values: A review of theory and evidence", *International Journal of Management Reviews*, 13(1), 2011, 79-96.

40. Michael Dimock, "Defining Generations: Where *Millennial*s End and Generation Z Begins", Pew Research Center, 17 de enero de 2019, www.pewresearch.org/short-reads/2019/01/17/where-*millennial*s-end-and-generation-z-begins/.

41. Otra respetada empresa de investigación, el Center for generational Kinetics, clasifica a la generación X entre 1965 y 1976, a la generación *millenial* entre 1977 y 1995, y a la generación Z entre 1996 y 2015 (https://genhq.com/gene-

rational-birth-years/). Para los fines de este capítulo, usaré las cifras del Pew Research Center, ya que la investigación que está disponible se adecua más a estas fechas.

42. "An Intro to Generations", The Center for Generational Kinetics (2023), genhq. com/the-generations-hub/generational-faqs/.

43. Se le atribuye con frecuencia, pero es posible que la cita sea anónima. Consulta quoteinvestigator.com/2010/10/10/twain-father/ para obtener más información.

44. Amy Cuddy, Michael Norton y Susan Fiske, "This Old Stereotype: The Pervasiveness and Persistence of the Elderly Stereotype", *Journal of Social Issues*, vol. 61, núm. 2 (2005), 270.

45. Abraham Maslow, "A Theory of Human Motivation", *Psychological Review*, 50 (1943), 370-396.

46. Jennifer Robison, "Communicate Better with Employees, Regardless of Where They Work", *Gallup*, publicación en blog, 28 de junio de 2021, www.gallup.com/work-place/351644/communicate-better-employees-regardless-work.aspx.

47. "The Biggest Problem in Communication Is the Illusion That It Has Taken Place", 31 de agosto de 2014, quoteinvestigator.com/2014/08/31/illusion/.

48. Ben McConnell, "Worst to First: How Mark Cuban Engineered a Team's Monumental Comeback", *MarketingProfs*, publicación en blog, 24 de junio de 2003, www.marketingprofs.com/3/huba6.asp.

49. Los "clientes o consumidores" ocupan el segundo lugar, con un 40 %, seguidos de los directivos o supervisores (un 33 %), los empleados o subordinados directos (un 22 %), los ejecutivos o propietarios de empresas (un 16 %) y otros (un 3 %).

50. K. Huang, M. Yeomans, A. W. Brooks, J. Minson y F. Gino, It doesn't hurt to ask: Question-asking increases liking, *Journal of Personality and Social Psychology*, 113(3), (2017), 430-452, doi.org/10.1037/pspi0000097. Consultado el 7 de enero de 2020.

51. Inti Pacheco, "Nike to Lay Off More than 1600 Workers", *The Wall Street Journal*, 16 de febrero de 2024, www.wsj.com/business/retail/nike-to-cut-over-1-600-jobs-14a97fd7.

52. Katherine Haan, "Remote Work Statistics and Trends in 2024", *Forbes*, 12 de junio de 2023, www.forbes.com/advisor/business/remote-work-statistics/.

53. "Half of Companies Give Office Etiquette Classes as Workers Struggle with Appropriate Conversation, Dress", 11 de julio de 2023, *Resume Builder*, www.resumebuilder.com/half-of-companies-give-office-etiquette-classes-as-workers-struggle-with-appropriate-conversation-dress/.

54. Samantha Masunaga, "We Don't Know How to Behave in the Office Anymore, Bosses Say. The Solution? Charm School", *Los Angeles Times*, 16 de enero de 2024, www.latimes.com/business/story/2024-01-16/back-to-the-office-bosses-are-sending-workers-to-etiquette-class.

55. Karen Anding Fontenot, "Nonverbal communication and social cognition", *Salem Press Encyclopedia of Health, Research Starters* (Salem Press, 2023).
56. Kathy Dalpes, "5 Reasons Why the Customer Is Always Right", Zendesk Blog, 4 de marzo de 2024, www.zendesk.com.mx/blog/the-customer-is-always-right/#.
57. Lee Cockerell, *The Customer Rules: The 39 Essential Rules for Delivering Sensational Service* (The Crown Publishing Group, 2013), XIII.
58. Brené Brown, *Dare to Lead* (Random House, 2019), 25.
59. Buc-ee's, "World Records", consultado el 15 de julio de 2025, buc-ees.com/about/world-record-holder/ .
60. Steve Tobak, "Leadership Lessons from BlackBerry's Demise", *MoneyWatch, CBS News*, 12 de abril de 2012, www.cbsnews.com/news/leadership-lessons-from-blackberrys-demise/.
61. Raoul Davis, "How Ego Tanks Branding and Marketing Professionals' Progress and Jeopardizes Companies", *Forbes*, publicación en blog, 23 de octubre de 2017, www.forbes.com/sites/forbesagencycouncil/2017/10/23/how-ego-tanks-branding-and-marketing-professionals-progress-and-jeopardizes-companies/?sh=7df1f1764088.
62. "Workplace Conflict and How Businesses Can Harness It to Thrive", *CPP Global Human Capital Report*, julio de 2008, www.themyersbriggs.com/-/media/f39a8b7fb4fe4daface552d9f485c825.ashx.
63. Emmanuel Acho, post de Instagram, 27 de septiembre de 2023, www.instagram.com/emmanuelacho/reel/CxtbL15SCMZ/.
64. Katie Shonk, "3 Types of Conflict and How to Address Them: Program on Negotiation", Harvard Law School, publicación en blog (14 de diciembre de 2023), www.pon.harvard.edu/daily/conflict-resolution/types-conflict/.
65. Karen A. Jehn y Elizabeth A. Mannix, "The Dynamic Nature of Conflict: A Longitudinal Study of Intragroup Conflict and Group Performance", *Academy of Management Journal,* 44 (2), (2001), 238, DOI: 10.5465/3069453. Jehn y Mannix incluyen los valores como parte del conflicto relacional y separan el conflicto de tareas en dos categorías: tarea y proceso.
66. Henry Cloud, *Necessary Endings: The Employees, Businesses, and Relationships That All of Us Have to Give Up in Order to Move Forward* (Nueva York: HarperCollins, 2011), 8.
67. David Goggins, *Can't Hurt Me: Master Your Mind and Defy the Odds* (Lioncrest Publishing, 2018), 342.
68. Joe Sanok, "A Guide to Setting Better Boundaries", publicación en blog, *Harvard Business Review*, 14 de abril de 2022, hbr.org/2022/04/a-guide-to-setting-better-boundaries.

69. Rebecca Ray, "Episode 34, Boundary Creep, Boundary Errors, and Boundary Violations in Business", notas del programa de pódcast, rebeccaray.com.au/episode-34/.

70. James Clear, "3-2-1: On Muddy Puddles and Leaky Ceilings, the Secret to Productivity, and How to Spoil a Great Relationship", publicación en blog, 28 de marzo de 2024, jamesclear.com/3-2-1/march-28-2024.

71. Wenrui Cao, Reine C. van der Wal y Toon W. Taris, "The Benefits of Forgiveness at Work: A Longitudinal Investigation of the Time-Lagged Relations Between Forgiveness and Work Outcomes", *Front. Psychol.* 12:710984. DOI: 10.3389/fpsyg.2021.710984.

72. Eric Jaffe, "The Complicated Psychology of Revenge", Association for Psychological Science, artículo en línea, 4 de octubre de 2011, www.psychologicalscience.org/observer/the-complicated-psychology-of-revenge.

73. Bill Kte'pi, "Resilience (Psychology)", *Salem Press Encyclopedia, Research Starters* (Salem Press, 2023).